MÉMOIRE
en Images

# STRASBOURG

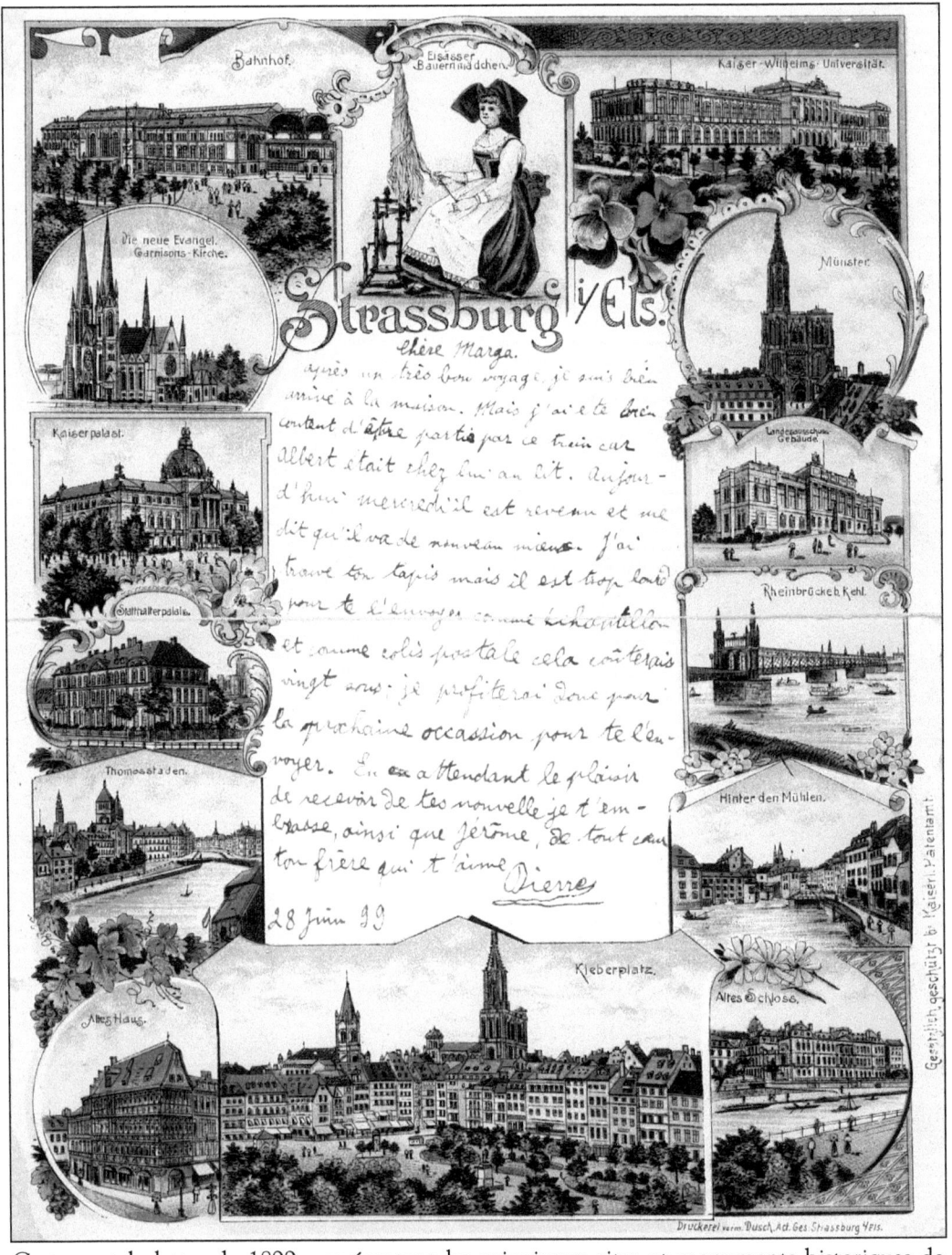

Carte postale-lettre de 1899, représentant les principaux sites et monuments historiques de Strasbourg.

# STRASBOURG

Patrick Hamm

Editions Alan Sutton
8, rue du Docteur Ramon
37540 Saint-Cyr-sur-Loire

Première édition mai 1999
Copyright © Patrick Hamm 1999
Tous droits réservés. Crédit photographique, droits réservés pour les ayants droit non identifiés.

En vertu de la loi n° 92-597 du 1er juillet 1992 portant création du code de la propriété intellectuelle, l'auteur d'une œuvre de l'esprit jouit sur cette œuvre, du seul fait de sa création, d'un droit de propriété intellectuelle exclusif et opposable à tous (1re partie, art. L. 111-1). Par ailleurs, toute reproduction intégrale ou partielle faite sans le consentement de l'auteur ou de ses ayants droit ou ayants cause est illicite. Il en est de même pour la traduction, l'adaptation ou la transformation, l'arrangement ou la reproduction par un art ou un procédé quelconque (art. L. 122-4). Toute édition ou reproduction d'une œuvre de l'esprit faite en violation des droits de l'auteur, tels que définis par la loi, est un délit de contrefaçon puni d'un emprisonnement et d'une amende (art. L. 335-1 à 3). La copie strictement réservée à l'usage privé de la personne qui la réalise est autorisée, ainsi que les analyses et les courtes citations, sous réserve de la mention d'éléments suffisants d'identification de la source (art. L. 211-3).

ISBN 2-84253-250-3

ISSN 1355-5723

Dépôt légal : mai 1999
Imprimé en UE

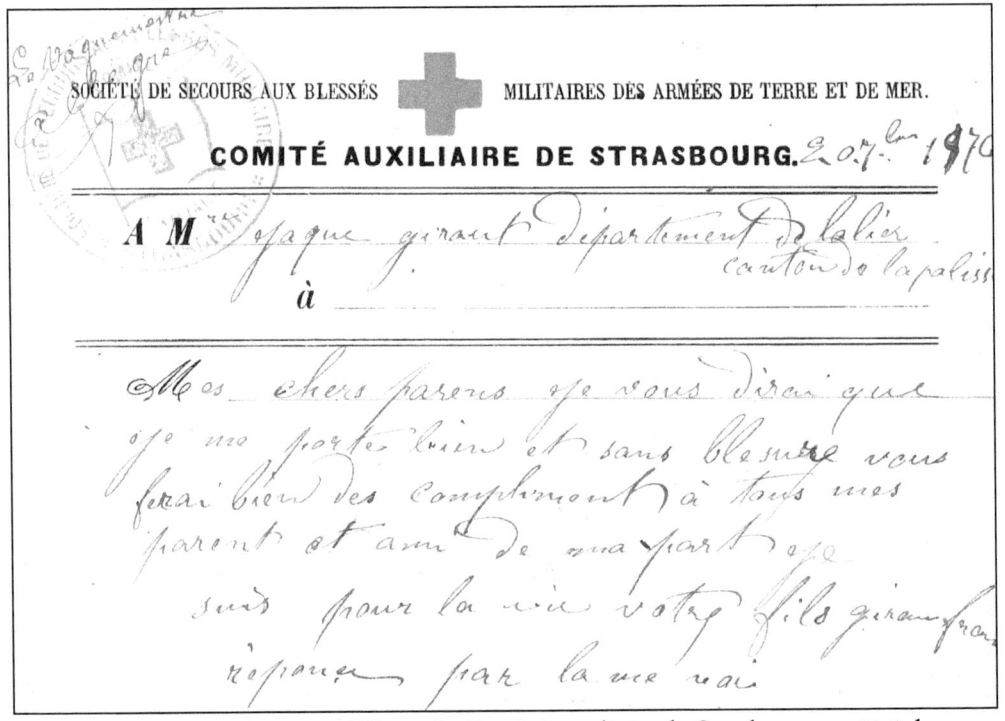

Toute première carte éditée en 1870 par le Comité auxiliaire de Strasbourg, société de secours aux blessés militaires des armées de terre et de mer. Elle fut expédiée lors du siège de la ville de Strasbourg, en juillet 1970. Suite à l'autorisation du général allemand Weigel, ces cartes purent voyager à découvert pour donner des nouvelles des militaires français assiégés à leurs familles.

# Sommaire

Remerciements et bibliographie     6

Avant-propos     7

Préface     8

1. Un peu d'histoire (la carte postale strasbourgeoise)     9
2. Promenade dans la ville     13
3. Les personnages connus et la vie quotidienne     25
4. Le commerce et l'industrie     41
5. Les transports     75
6. Fêtes et faits divers     87
7. Le pouvoir et la vie militaire, le retour de la mère patrie     109
8. Les années de guerre (1939-45)     123

# Remerciements

L'auteur tient à remercier tous ceux qui lui ont apporté leur aide, ainsi que les collectionneurs qui lui ont prêté des documents.
Sa gratitude se porte tout particulièrement vers : Jacqueline et Claude Beal, Dominique Schreiber, messieurs Jean Bignet, Norbert Engel, Laurent et Jean-Claude Gebhardt, Vincent Kauffmann, José Klipfel, Armand Sorg, Tomi et Bernard Ungerer, Gilbert Wagner et Marcel Ziegelmeyer, madame Weber-Kiener, le musée de la Publicité de Paris, l'Electricité de Strasbourg et Isabelle Voltz
Un très grand merci à madame Catherine Trautmann, ministre de la Culture et de la Communication, qui a répondu, comme à son habitude, avec beaucoup de gentillesse à ma sollicitation.

# Bibliographie

Patrick Hamm, *Strasbourg en 1900... à travers les cartes postales*, Ed. de Sainte-Seine l'Abbaye, 1983.
Patrick Hamm, *Strasbourg début du siècle*, Ed. du Rhin, Mulhouse, 1989.
Patrick Hamm, *Strasbourg en cartes postales, commerces, restaurants, winstubs*, Difal, Strasbourg, 1992.

# Avant-propos

Amoureux fou de notre belle capitale alsacienne depuis mon plus jeune âge, je n'avais que 22 ans lorsque j'écrivis mon premier livre sur Strasbourg en 1983. Depuis j'en ai rédigé plusieurs autres et c'est tout naturellement que ce nouvel ouvrage s'inscrit dans ma bibliographie strasbourgeoise.

J'ai continué à enrichir ma collection de documents sur Strasbourg, par l'intermédiaire de nombreuses cartes et vieux papiers, souvent inédits et insolites, qui une fois sélectionnés ont constitué le corps central de cet ouvrage. Par ces quelques 230 images devenues très rares, j'espère faire découvrir ou peut-être même redécouvrir aux Strasbourgeois, mais aussi aux autres, le charme et la nostalgie d'antan. En traversant la ville pendant la première moitié du siècle, il vous sera permis de vivre la vie des Strasbourgeois avant, pendant et après la guerre, mais aussi sous l'occupation allemande, et toute cette vie, à l'aube du troisième millénaire, fera bientôt partie de notre mémoire.

# Préface

Quel bonheur de découvrir notre belle ville de Strasbourg sous des dehors à la fois familiers et insolites ! Poésie et nostalgie sont partout présentes dans le magnifique ouvrage de Patrick Hamm qui nous rappelle que nous appartenons à une histoire dont nous sommes comptables et porteurs.

Séduction des images... Mais l'ouvrage a aussi le rare mérite de nous apprendre une foule de détails, d'anecdotes que les plus férus historiens strasbourgeois ignorent peut-être. Une ville ce n'est pas seulement l'éclat actuel d'une architecture ou d'un urbanisme. Une ville c'est la symphonie des mouvements qui l'ont saisie, de ses transformations, de ses strates de vie.

Pour moi, Strasbourg est une harmonie plastique et musicale. Le corps y reconnaît les lieux et les rues avant l'esprit. Et tous nous y avons nos cheminements complexes et mystérieux : cette rue plutôt que celle-ci, cette place contournée de ce côté, plutôt que celui-là... Avec notre ville nous sommes en secrète complicité : nous y lisons nos ambitions, nos étonnements et surtout nos devoirs.

Et nous prenons conscience de nos responsabilités : éviter les erreurs du faire intempestif comme de l'immobilisme. Comment faire vivre Strasbourg au présent, en ménageant l'avenir et en respectant le passé ? Il n'y a pas de plus noble question que celle-ci pour l'élu et le citoyen amoureux de cette ville. L'ouvrage « *Mémoire en Images : Strasbourg* » nous aide à penser tout cela. La présence soutenue des hommes, de leur quotidienneté, nous montre justement que notre ville n'est pas faite que de pierres. Que serait Strasbourg sans l'opiniâtre travail de tous ceux, grandes familles et humbles artisans qui, au fil des générations, ont construit notre fidélité d'aujourd'hui ? L'ouvrage est aussi un hommage qui leur est rendu et un appel à poursuivre leur œuvre.

Le livre de Patrick Hamm ne s'épuise pas à la première lecture. Il est un document et un témoignage auquel on ne cessera de revenir, certes pour mieux connaître nos racines, mais aussi pour persuader que notre ville n'a jamais cessé sa mue. Son histoire est faite de triomphes et de blessures, mais son esprit demeure : notre nouveau tram n'en est-il pas une des plus éclatantes manifestations ?

Catherine Trautmann
Ministre de la Culture et de la Communication

# 1
# Un peu d'histoire
## la carte postale strasbourgeoise

La librairie-papeterie Koeberlé est une des premières maisons à se lancer, dès 1897, dans la production de cartes postales. Elle prospérait sur la place du Marché aux Cochons de Lait. Sur ce rare document, elle utilisait pour sa publicité, en 1898, son meilleur vendeur ambulant de cartes postales, un ancien vétéran de la guerre de 1870.

Cette rare carte postale illustrée voyagea en 1888 et fut imprimée en 1886 par l'éditeur allemand Franz Scheiner à Würzburg. Vers 1870, Franz Scheiner reprit les rênes de l'affaire de son père, une société de lithographie fondée en 1825. C'est en 1883 qu'il eut l'idée géniale de créer, imprimer et éditer des cartes postales à motif décoratif comportant une vue de la ville.

Une autre carte de l'éditeur F. Scheiner date des années 1880. Seules cinq cartes « *Gruss aus Strassburg* » de ce genre ont été retrouvées à ce jour. Ce sont les plus anciennes cartes lithographiques illustrées connues sur Strasbourg et l'Alsace. Précurseurs de la carte postale, on en dénombre environ 320 de ce type, éditées dès 1883, sur des villes allemandes, françaises (Strasbourg), autrichiennes et italiennes.

Voici une des toutes premières cartes postales lithographiques en couleurs, expédiée de Strasbourg le 31 décembre 1892, à destination de Düsseldorf.

Carte postale « Gruss aus... », postée de Strasbourg le 31 décembre 1890 et ayant pour destination Francfort.

Carte publicitaire de 1908, du lithographe et éditeur de cartes postales Gabelmann. Cette célèbre maison d'édition fut fondée à la fin du siècle dernier par Frédéric Gabelmann, un Allemand venu s'installer et travailler à Strasbourg. Il s'associa dès ses débuts avec l'imprimeur Geistel et se spécialisa dès 1897 dans la production de cartes postales lithographiques, un domaine où il devint très rapidement le maître. Gabelmann inonda toute l'Alsace de ses superbes cartes « *Gruss aus…* » et édita même des cartes pour la Lorraine et l'Allemagne.

De cette vue de 1925, il ne reste plus que la tour de la porte de l'Hôpital ! Cette maison avec dépendances appartenait au fameux photographe et éditeur de cartes postales Julius Manias. C'est dans ces dépendances, au n°20 de l'ancienne rue de la Bourse, l'actuelle rue Paul Reiss, que Manias installa en 1918 son nouvel atelier de photographie. Cette ancienne propriété fut construite sous le Second Empire par un certain Wagner, mais le tout fut démoli en 1973 et remplacé par deux grands immeubles.

# 2
# Promenade dans la ville

1905, quai du Woerthel dans le quartier de la Petite France, à la hauteur des Ponts Couverts. Cet endroit servait au début du siècle au déchargement de pavés et autres gravats.

La rue du Fossé des Tanneurs en 1905, à l'entrée de la rue de la Vignette. Les cinq premières maisons de droite existent encore. Sur les quatre suivantes, deux furent remplacées et deux autres démolies pour le tracé de la future rue du 22 Novembre. Le fatras de maisons, à gauche, fut remplacé vers 1915 par la bâtisse du Gerberhaus. Aujourd'hui, c'est le salon de coiffure Diagonal.

Le quai Finkwiller à la hauteur de la place Saint-Louis au début du siècle. L'auberge devint une brasserie vers la fin du XVIIe siècle et passa en 1834 à la famille Graff qui la transforma en estaminet en 1865. Sur la place se trouvaient le coiffeur Kocher et l'ancienne boucherie Raucher. Ces deux maisons furent malheureusement détruites vers 1970 et remplacées par une construction rappelant vaguement l'architecture d'origine.

La place du Corbeau est bien vivante en cette année 1900 ! Elle a conservé au fil des années ses vénérables maisons et auberges des XVe et XVIe siècles. Au fond de la rue d'Austerlitz, on aperçoit une partie des anciennes casernes du XVIIIe siècle.

Difficile de reconnaître cette ancienne maison centrale vers 1900, au bout de la rue du Vieux Marché aux Poissons. Cette bâtisse des années 1898-99 abrita fort longtemps le restaurant Au Vieux Marché aux Poissons, un cabinet dentaire et un magasin de chaussures. L'immeuble disparut lors des bombardements aériens du 11 août 1944.

Photographie prise en 1896, rue des Grandes Arcades, à la hauteur du n°41. Cette magnifique maison appartenait en 1577 à un peintre-verrier et fut occupée à partir de 1589 par plusieurs libraires. Elle fut démolie en 1897-98 et remplacée la même année par l'immeuble Belle Epoque du grand magasin Knopf (l'actuel magasin de beauté Séphora).

1906 : la rue des Grandes Arcades est en travaux. C'est dans cette rue que se trouvait au Moyen Age le commerce de détail. A gauche, un magnifique lampadaire, malheureusement disparu aujourd'hui.

Nous sommes en 1913, en plein centre-ville, dans la rue des Grandes Arcades, à l'entrée de la place Kléber. Toutes sortes de commerces et de magasins y prospéraient alors.

En 1897, place Broglie, les anciennes maisons de droite, faisant l'angle avec la rue du Dôme, vont bientôt disparaître sous les pics des démolisseurs. L'immeuble du bout, le n°2 de la rue du Dôme, appartient depuis plusieurs siècles à la paroisse du Temple-Neuf et est occupé depuis de longues années par plusieurs commerces, Büchel, Cussler (débitant de tabac), Saenger (chausseur), Brinck et Winckler (magasin de cristaux et porcelaines).

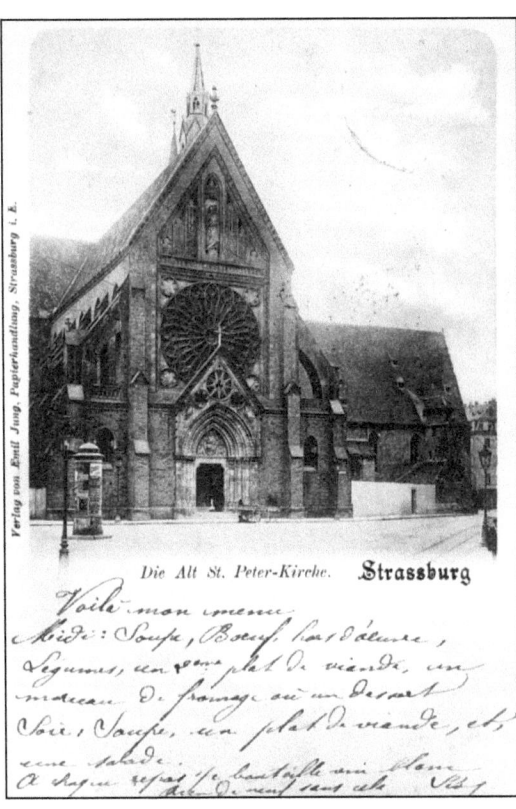

Eh oui, cette église est bel et bien à Strasbourg ! Sur cette carte de 1901, nous découvrons la façade d'origine de l'église Saint-Pierre-le-Vieux, reconstruite en 1869 par l'architecte Conrath et dont certaines parties intérieures remontent au XIII$^e$ siècle. Cette église accueillait à la fois le culte catholique et protestant. Elle fut frappée d'alignement dans le plan de la nouvelle percée urbaine de 1911, partant de l'église à la place Kléber. Sa façade fut démontée et reconstruite dans l'axe de la future rue, qui devint la rue du 22 Novembre. Une nouvelle nef de style néogothique y fut bâtie de 1919 à 1923.

La fontaine Reinhardt, place Broglie, en 1905. A l'arrière-plan, le théâtre municipal de Strasbourg, dont la construction commença en 1805 et s'acheva en 1821, d'après les plans de l'architecte Villot et de l'ingénieur Robin. Il fut construit en remplacement de l'ancien théâtre détruit par un incendie en 1804. Bombardé en 1870, il fut restauré en respectant l'architecture extérieure de la partie donnant sur la place Broglie. Ce bâtiment de style néo-classique est couronné par six muses, réalisées par le sculpteur allemand Landolin Ohmacht.

1898 : la nouvelle synagogue de Strasbourg est recouverte de neige. Cette imposante bâtisse fut édifiée d'après les plans de l'architecte Ludwig Levy de Karlsruhe, le long du quai Kléber, à côté de l'ancienne gare. Elle fut inaugurée le 8 septembre 1898 et connut une fin tragique lors de la Seconde Guerre mondiale. Elle fut incendiée puis rasée par les nazis en 1940.

En 1898, le long du quai Kléber, à l'emplacement de l'actuelle place des Halles, se trouvaient la synagogue de Strasbourg et l'ancienne gare. La gare fut inaugurée en 1852 par le prince Louis-Napoléon. L'édifice fut endommagé lors des bombardements de 1870, puis désaffecté en 1884, et finalement racheté par la ville qui le transforma en marché couvert. En 1974, l'ancienne gare fut démolie pour faire place à l'actuel ensemble de bâtiments du centre commercial les Halles.

1912 : les statues de Jacques Sturm et de Daniel Speckling, taillées par le sculpteur Alfred Marzolff, décorent le portail principal de la *Kleine Metzig* (petite boucherie). Cette immense bâtisse de style néo-renaissance et néo-baroque fut construite rue de la Mésange en 1900-01, d'après les plans de l'architecte Gustave Oberthur. A cette époque, y prospéraient le café viennois Westminster et la librairie Schmidt, spécialisée en livres scolaires et universitaires. Ce bâtiment est aujourd'hui occupé par le magasin La Redoute.

Cette photo prise en 1897 présente la rue de la Haute Montée avant la construction de la nouvelle bâtisse néo-renaissance de l'architecte Oberthur. Sur ce cliché, on voit l'ancienne halle couverte, édifiée de 1838 à 1840 en remplacement d'infâmes petites boutiques de bouchers, dressées, en 1621, le long du fossé des Tanneurs.

Ce cher photographe Nels nous donne une belle et nostalgique vision de Strasbourg au début du siècle. Sur ce cliché romantique, des bateaux-lavoirs sont amarrés sur l'Ill, à la hauteur du pont Saint-Guillaume. A droite, une partie des bâtiments du collège Saint-Etienne.

Charmant cliché du photographe Nels de Metz, représentant la nouvelle université de Strasbourg en 1901. Inauguré solennellement le 27 octobre 1884, ce magnifique palais fut construit selon les plans de Warth, un architecte de Karlsruhe, dans le pur style Renaissance italienne.

L'ancienne rue Hohenlohe, photographiée ici vers 1905, devint en 1918 l'avenue de la Marseillaise. A l'arrière-plan, on aperçoit la grande poste centrale de Strasbourg construite entre 1896 et 1899 par l'architecte allemand Rechenberg, en style néogothique. Elle subit malheureusement de gros dommages lors du bombardement du 25 septembre 1944. On reconstruisit l'avant-corps central sans souci artistique et sans tenir compte du style et de la pierre d'origine.

En 1907, deux tramways se croisent au carrefour de la rue Oberlin et de l'avenue des Vosges. De nos jours, le curieux clocheton de l'immeuble de droite n'existe plus et la petite maison de gauche a été remplacée, en 1936, par deux élégants immeubles de style Art Déco.

Place de la Gare en 1900, seconde œuvre du photographe Nels. Par-dessus les arbres, une partie de l'imposante façade et toiture du beau palace, le *Terminus Gruber*. Au-dessus trône l'enseigne Gruber & Cie. Malheureusement, cette demeure fut totalement détruite lors du bombardement de septembre 1944 et reconstruite dans un style plus moderne après guerre.

De cette vue de la rue de Molsheim, en 1909, il ne reste plus grand chose aujourd'hui ! Les bâtiments des anciens abattoirs de Strasbourg construits entre 1859 et 1891, visibles ici, étaient directement raccordés à la voie ferrée et occupaient une superficie de 3,68 hectares. Ils furent démolis en 1969, y compris la belle tour de l'horloge, pour être remplacés par la place du Marché Sainte-Marguerite. Depuis peu, la place du Marché a laissé place au nouveau musée d'art moderne et contemporain de Strasbourg.

Scène de la vie quotidienne au bassin d'Austerlitz, dans le port de Strasbourg, en 1899. Ce bassin fut creusé en 1890. Le port, quant à lui, fut agrandi à plusieurs reprises au fil des années pour devenir le port autonome de Strasbourg.

Cette carte postale photographique de Strasbourg, éditée vers 1890 par l'imprimeur strasbourgeois Fischbach, représente le nouveau pont du Rhin, un des premiers ponts métalliques au monde, bâti de 1859 à 1861 sur des piliers avec, à ses extrémités, deux tabliers tournants. Ce pont de chemin de fer (12 mètres sur 311 mètres), fut inauguré en 1861 et servit à la liaison Strasbourg-Kehl. Le Génie français le dynamita à la veille de l'offensive allemande en 1940.

# 3
# Les personnages connus et la vie quotidienne

Des petits *Wackes* de Strasbourg vers 1913. Ces *Wackes Buewe* (petits garnements) traînaient dans les rues de la ville, s'amusaient à faire des farces aux Strasbourgeois et commettaient de petits larcins. Malgré cela, ils étaient populaires et aimés des citadins qui, afin de les calmer, leur proposaient de menus travaux d'intérêt public, comme le nettoyage des rues.

**JACQUES PEIROTES**
né le 11 Septembre 1869 — décédé le 4 Septembre 1935
Maire socialiste de Strasbourg (1919-1929)
Député socialiste de Strasbourg (1924-1932)

Cette carte fut émise en 1935 en souvenir de Jacques Peirotes, ancien maire de Strasbourg. Ce personnage issu d'un milieu modeste occupa durant trois décennies une place de premier plan dans la vie politique strasbourgeoise. En effet, pendant son mandat, ce maire socialiste favorisa l'amélioration des conditions de vie, les affaires sociales et la scolarisation de ses concitoyens. Ses actions lui valurent une grande popularité. Il décéda d'un arrêt cardiaque le 4 septembre 1935.

**Jubiläums=Karte**
aus Anlass des 70 jährigen Geburtstages von Bürgermeister Back.

Cette carte postale fut éditée en 1904, à l'occasion du 70$^e$ anniversaire du maire de Strasbourg Otto Back. Il est photographié en compagnie de son ami le prince Hermann Hohenlohe-Langenbourg, *Statthalter* (gouverneur) d'Alsace-Lorraine. Otto Back était l'un de ces fonctionnaires prussiens qui émigrèrent en Alsace en 1870. En 1872, il fut directeur de la police de Strasbourg. Dès 1873, il dirigea les affaires de la ville et fut élu maire de Strasbourg en 1886. Il occupa ces fonctions jusqu'en 1906. Il décéda en 1917, à Strasbourg.

Revoici, vers 1910, notre vétéran de la guerre de 1870, Charles Koerberle, qui perdit malheureusement ses jambes sur les champs de bataille. Colporteur, il vivait de la vente de souvenirs, puis de cartes postales et devint rapidement marchand ambulant.
Ce personnage fut assez populaire au début du siècle et on pouvait le rencontrer sur la place de la Cathédrale où il proposait ses marchandises aux Strasbourgeois et aux touristes.

Ce curieux personnage, ici en 1901, est un artiste-cycliste sans concurrence, avec un pied et deux roues, un deux-roues de marque française, le Diamant !

Mademoiselle Amélie Peters, ballerine en 1902. Danseuse au Théâtre municipal de Strasbourg, mademoiselle Peters donnait des cours de danse à son domicile, au n°23 de la rue de l'Arc-en-Ciel, à Strasbourg.

Le personnel est au complet et prêt à accueillir les visiteurs de la foire. D'après la photographie (vers 1910), il s'agirait d'un stand strasbourgeois spécialisé dans la restauration rapide avec un coin buvette.

Vers 1910, une jeune Strasbourgeoise de 14 ans, Victoria, vivait de son physique, ou plus exactement de son poids de 249 livres, qu'elle exhibait dans les fêtes foraines comme phénomène de foire.

Viktoria Kolossal Baby, 14 Jahre alt, 249 Pfund schwer.

Ce magnifique stand de tir appartenait à un forain strasbourgeois, monsieur Weiler, qui se déplaçait dans toutes les grandes foires et kermesses d'Europe. Cette carte fut envoyée de Mulhouse en août 1911.

Nous sommes au début du siècle, avec la curieuse troupe des Lilliputiens de Strasbourg. Ces cinq personnages, travestis pendant leurs spectacles en mandarins et en geishas, donnaient leurs représentations dans les théâtres privés de la ville, lors de galas ou fêtes diverses.

En 1910, la fabrique de bouillons-cubes Hoffmann (de Berlin) vint à Strasbourg afin de participer à la grande foire commerciale alsacienne. Sous l'œil attentif d'un officier de police, le directeur et son équipe sont fin prêts à servir les futurs clients de la foire.

Un groupe de *Steckelburger* (sobriquet donné aux Strasbourgeois) assis sur un banc, place Kléber, vers 1900. On distingue, au second plan, le bâtiment de l'Aubette.

L'ensemble musical des sapeurs-pompiers de Strasbourg pose fièrement pour la photo de groupe, souvenir de 1906. Cette formation fut créée en 1845 sous la forme d'une fanfare et devint un groupe musical avec instrumentistes en 1878. Nos vaillants combattants du feu participèrent en musique aux nombreuses manifestations et cérémonies officielles de Strasbourg.

En 1906, plusieurs gamins se laissent surprendre par le photographe devant la statue de Jean Gutenberg, place Gutenberg. Ce monument est l'œuvre du sculpteur David d'Angers (1788-1856). Il fut inauguré en juin 1840, lors de la grande fête de commémoration du 400ᵉ anniversaire de l'installation par Gutenberg de sa première imprimerie, vers 1440, à la Montagne Verte, un des faubourgs de Strasbourg.

Des ouvrières sortant de la manufacture de tabac, rue de la Krutenau en 1900. Ce grand établissement industriel fut bâti de 1845 à 1863, sur l'emplacement de plus de 35 immeubles.

Gimpelmarkt.

Le *Gimpelmarkt* (marché aux puces) de Strasbourg se tenait en 1897 dans l'ancienne gare, transformée en halles en 1884 et devant la rue de Sébastopol. Jusqu'en 1450, le *Gimpelmarkt* était installé sur la place du Château, puis il déménagea sur la place du Jeu des Enfants et finit par envahir progressivement toute la rue du Vieux Marché aux Vins, pour enfin, vers 1895, émigrer à l'ancienne gare.

Ce stand de presse original se trouvait dans les bâtiments de l'ancienne gare de Strasbourg. Vers 1910, il était tenu par ces deux dames, qui y vendaient des journaux, mais aussi des livres et des cartes postales.

Ces fesses-là firent couler beaucoup d'encre à Strasbourg ! Ce sont celles du Père Rhin, une curieuse et monumentale fontaine inaugurée devant le théâtre de la place Broglie le 6 juin 1902. Ce bassin fut construit grâce au don d'un avocat qui, lors de son décès, légua à la ville de Strasbourg 150 000 deutschmark, à condition que cet argent serve à l'érection d'une fontaine publique. L'auteur de cette statue fut Adolphe Hildebrand. Face à une très vive polémique et à de nombreuses moqueries, la ville l'offrit en 1929 à la ville de Munich, qui lui fit cadeau, en échange, de la charmante statue du *Meisenlocker* (érigée place Saint-Etienne).

Le terrain de tennis Trianon de la place Lenôtre, situé face au parc de l'Orangerie, à l'emplacement du Conseil de l'Europe, en 1920. Ce club de tennis fut fondé en 1879 sous le nom de Lawn-Tennis Club. En 1930, le club sportif déménagea au Tivoli.

Un groupe d'enfants pose en 1900 devant le monument de Victor Nessler (né à Baldenheim en 1841, décédé à Strasbourg en 1890), compositeur devenu célèbre dans la seconde moitié du XIXe siècle pour son opéra « *Der Trompeter von Säckingen* » (1884). Son buste en bronze, création du sculpteur Marzolff, fut érigé en hommage à son œuvre à l'Orangerie, en 1895, lors de la grande exposition industrielle et artisanale de Strasbourg.

Nous sommes en 1927, au marché aux fleurs de la place Kléber, à la hauteur de l'angle de la place de l'Homme de Fer.

En 1898, c'est ici que nos aïeules achetaient leurs produits de consommation courante. C'est dans la deuxième moitié du XVIII$^e$ siècle que cet ancien jardin de la Prévôté fut converti en place de marché, sous le nom de Marché-Neuf. De nos jours, il sert de parking.

A partir de 1812, avait lieu sur la place du Marché aux Poissons, à côté du somptueux château des Rohan, le marché aux... poissons ! Quelle foule en ce jour de 1897, peut-être parce qu'on y trouvait encore du saumon... du Rhin !

L'inauguration des bains municipaux de Strasbourg, boulevard de la Victoire en 1908. La municipalité de Strasbourg confia la réalisation de ces bains à l'architecte Fritz Beblo, qui fit bâtir de 1905 à 1908 des bains dignes des plus beaux palaces thermaux, un chef-d'œuvre du *Jugendstil* (Art-Nouveau).

Vers 1930, le long des berges des Ponts Couverts, de vaillantes lavandières lavaient leur linge.

Des ouvriers du bâtiment posent sur le toit d'un immeuble en construction au 24 de la rue du 22 Novembre, en 1912. A l'arrière-plan, on voit les toits des n°41 et 43 de la rue du Fossé des Tanneurs. Ce fut le 10 mai 1907 que le conseil municipal de Strasbourg décida de réaliser la grande percée de la *Neue Strasse* (la nouvelle rue, l'actuelle rue du 22 Novembre).

Cette photo fut prise en octobre 1914, le long des quais de la gare de Strasbourg. Un groupe d'infirmières et d'aides-soignantes pose avec le personnel du chemin de fer allemand.

*Auguste Woltère*

L'aspirant Auguste Wolter (Woltere), instigateur de l'affaire de la *Kaiser Parade*, envoya, le 5 février 1913, un télégramme aux autorités militaires de Strasbourg, leur annonçant la visite le jour même du *Kaiser*, qui devait passer en revue ses garnisons à 10 h 00 au Polygone. Ce fut donc dans la précipitation que l'on prépara cette parade militaire et dans une grande effervescence que l'on attendit l'empereur Guillaume II. Finalement, ne le voyant pas arriver et renseignements pris auprès de Berlin, on découvrit la vilaine plaisanterie de l'aspirant qui passa en jugement et fut sévèrement puni.

Cette carte fut vendue en 1913, en souvenir de la farce imaginée par le jeune officier allemand Wolter. Il s'agit de la fameuse *Kaiser Parade* de 1913 qui n'eut jamais lieu et qui fit rire beaucoup de Strasbourgeois.

# 4
# Le commerce et l'industrie

Cette curieuse buvette se trouvait en 1920 place de Zurich. Son gérant y vendait également des cartes postales de Strasbourg.

Quelle impressionnante livraison de tonneaux de vin en ce jour de 1914 ! Ce débit de vin, spécialisé en vins espagnols, était tenu par Vincente Cusi, au 27, rue des Tonneliers. Dans les années 1920, ce commerce devint le café-restaurant Wagner à l'enseigne L'Alsace à Table. De nos jours, le 27, rue des Tonneliers abrite toujours un restaurant : La Cloche à Fromage.

Vieille carte postale publicitaire de la brasserie Lowenbrau de Strasbourg. C'est une des premières cartes postales puisqu'elle voyagea en 1895. Elle fut réalisée par un éditeur strasbourgeois, J. Saarbach. Cet ancien établissement se trouvait au n°6 de la rue de la Lanterne avec une entrée au n°137 de la Grand'rue (l'actuel 16, rue Gutenberg). Une seconde brasserie Lowenbrau fut construite en 1905 dans la rue des Grandes Arcades (Taverne du Grand Kléber).

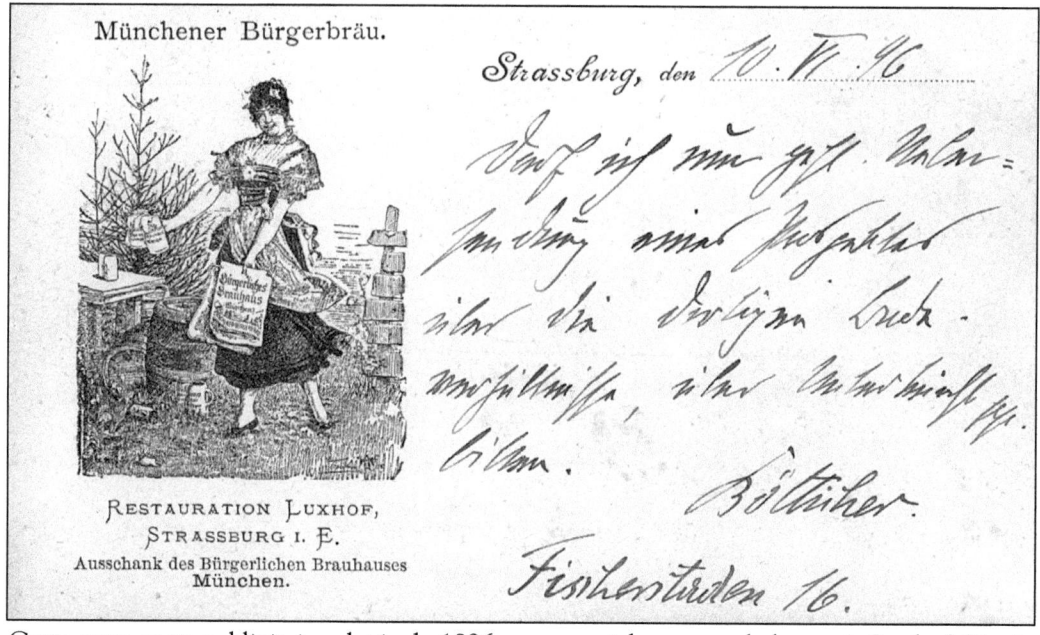

Cette autre carte publicitaire, datée de 1896, est une réclame pour la brasserie Luxhof. Située rue de la Comédie, dans une vieille maison où séjourna en 1414 l'empereur Sigismond, elle devint brasserie en 1793. C'était à l'époque l'un des établissements les plus fréquentés par la bonne société strasbourgeoise.

Vers 1910, l'ancien restaurant Zum Metzgerplatz portait le nom de l'ancienne place des Bouchers, devenue depuis la place d'Austerlitz. Elle servait de terminus et de départ aux lignes de tramways de la banlieue sud. Ce restaurant était une des 11 auberges que comptait la place et qui sont apparues pour la plupart au XVIII$^e$ siècle, en même temps que les casernes militaires destinées à l'infanterie. Au siècle dernier, cette maison avait pour enseigne A la Ville de Paris. Après 1918, elle fut transformée en hôtel-restaurant A la Nouvelle Bourse et fut démolie en 1954.

Nous sommes en 1911, dans la rue de la Douane, devant le n°11, la brasserie A la Vieille Hache, une ancienne auberge convertie en brasserie vers 1830 et qui existerait depuis le Moyen Age. Ce restaurant est encore en activité de nos jours.

Encore un restaurant qui a conservé son nom. Il s'agit de l'ancien restaurant Au Vieux Strasbourg. En 1916, celui-ci était dirigé par Joseph Stoffel.

De ces maisons, il ne reste plus que la vieille demeure du premier plan (reconstruite vers 1890) au n°12 de la rue Saint-Nicolas et où naquit en 1780 le célèbre auteur du « *Pfingstmonda* », Jean-Georges Daniel. De 1897 à 1939, on y trouvait la tonnellerie-restaurant d'August Maurer. Le quartier fut endommagé lors du bombardement du 11 août 1944 qui fit disparaître les deux anciennes maisons de droite. Aujourd'hui, le 12, rue Saint-Nicolas est occupé par le Trésor public.

Cette carte représente, vers 1920, le débit de vins Au Saint Sépulcre, l'actuel *Winstub* Heilige Grab au n°15 de la rue des Orfèvres.

Le restaurant A la Ville d'Erstein était dirigé en 1906 par Joseph Kientz et se trouvait dans une vieille maison au n°10 de la rue du Sanglier, l'actuel et célèbre *Winstub* Chez Yvonne, le S'Burjerstuewel.

En 1910, on vient livrer en charrette la bière en fûts dans cette brasserie-restaurant Streicher, une ancienne taverne située au n°2 de la rue de la Petite Eglise et faisant l'angle de la rue Thomann. Plus tard, le Streicher devint la Bourse aux Vins. De nos jours, on y trouve l'enseigne Chez Berny.

Wein- und Bier-Restaurant STREICHER, Straßburg i. Els.

STRASBOURG — Café de la Liberté — Place du Dôme

Fin 1918, dans une ancienne maison du XVIII<sup>e</sup> siècle, se trouvait le café de la Liberté, 7, place du Dôme (actuel 22, place de la Cathédrale). Il était alors tenu par la veuve Régina Muller. Vers 1925, il fut transformé en hôtel-restaurant des Hirondelles, puis, plus tard, devint le Pari Mutuel Urbain. C'est aujourd'hui une annexe du magasin d'antiquités Bastian.

Cette carte postale remonte aux années 1909-10. Elle nous présente deux vieilles maisons qui disparurent malheureusement lors des travaux de la grande percée de la rue du 22 Novembre, qui débutèrent en 1911 et s'achevèrent vers 1935. A gauche, le restaurant du Tonnelet d'Or, à ses côtés, la charcuterie Kirn (fondée en 1904) qui prospère toujours de nos jours, au même endroit, mais sous l'enseigne boucherie-charcuterie Kirn-traiteur.

Ce café-brasserie Au Général Kléber se trouvait en 1920 au n°18 de la rue du Fossé des Tanneurs. Ce commerce devait son enseigne au célèbre général Jean-Baptiste Kléber qui naquit dans cette maison en 1753. Cette vieille bâtisse fut détruite il y a environ 10 ans et reconstruite à l'identique. Elle abrite aujourd'hui un restaurant thaïlandais la Villa Thaï.

La brasserie du Moulin Rouge, 55, Grand'rue à Strasbourg, en 1930. Au début du siècle, cette ancienne taverne portait l'enseigne Zur Mühle (Au Moulin). C'est son propriétaire, un certain Schorle, qui la transforma en restaurant-brasserie-café-concert. Cette maison fut rapidement réputée pour ses spectacles de variétés, ses concerts et autres attractions. Elle disparut en 1944, lors des bombardements aériens sur la ville. Reconstruite depuis, elle abrite aujourd'hui la rhumerie La Jamaïque.

Vers 1920, des Poilus sont attablés au foyer du Soldat, 24, rue du Fossé des Tanneurs. Cet ancien restaurant Aux Trois Fleurs fut transformé en foyer par la Croix-Rouge française, lors de la Libération. Cette maison s'écroula lors des bombardements de 1944. Après la Deuxième Guerre mondiale, on y construisit le grand garage du Building, un concessionnaire BMW. Celui-ci déménagea en 1989 pour un nouveau siège et garage, rue de Wasselonne. Ce garage fut alors transformé en parking des Tanneurs.

Impossible de reconnaître cet endroit aujourd'hui ! Cette carte postale, de 1910, représente l'ancien restaurant Aux Contades de Victor Speich, 5, rue des Contades (l'actuelle rue René Hirschler). Ce restaurant fonctionna encore pendant la Seconde Guerre mondiale, puis disparut probablement lors des derniers bombardements. En 1958, on y construisit, en remplacement de celle détruite en 1941 par les nazis, la nouvelle synagogue de Strasbourg.

Le jardin du restaurant Baeckehiesel, en face de l'Orangerie, en 1908. C'était à l'époque un des hauts lieux mondains strasbourgeois, où l'on venait bien volontiers se rafraîchir et déguster une tranche de kugelhopf. Ce magnifique restaurant fut construit en 1890 et servit pendant de longues années de lieu d'exposition et de salle des fêtes (expositions automobiles, bals masqués, etc.). Il fut démoli en 1954.

Cette belle bâtisse que l'on voit ici en 1903 était une ancienne ferme entièrement rénovée et transformée en brasserie après 1870. Elle abritait une spacieuse salle qui servit longtemps de salle de spectacles, de théâtre et de concerts. Cette célèbre brasserie-restaurant Tivoli devait son nom au quartier dans lequel elle était implantée, quartier de l'actuel Wacken. L'établissement disparut sous les pics des démolisseurs en 1962.

Lors des rudes hivers d'antan, le lac de l'Orangerie (ici en 1911) se transformait en patinoire. La pratique du patinage était alors fort répandue et Strasbourg avait déjà en 1898 son propre club, le Club des patineurs strasbourgeois. A l'arrière-plan, on aperçoit le *Hauptrestaurant* construit en 1895 et démoli en 1962.

De ces deux superbes maisons photographiées en 1921, place du Marché aux Cochons de Lait, il ne restait plus, après le bombardement du 11 août 1944, qu'une partie de la maison de droite, qui fut restaurée peu après sa destruction. Elles accueillaient depuis 1793 la charcuterie Lobstein. De nos jours, le n°7 reconstruit abrite une banque et le n°8, la *Winstub* S'Munsterstuewel qui fut fondée en 1971 par Marcel Eby et qui est dirigée depuis 1992 par Patrick Klipfel.

En 1925, monsieur Knauer et son équipe posent fièrement devant la boucherie-charcuterie Henri Knauer. Cette boucherie-salaisons, spécialisée dans la fabrication de charcuterie fine, fut fondée en 1854, aux n°21 et 23 de la rue des Frères. Au fil des années, le commerce alimentaire de Henri Knauer a laissé place au restaurant Chez Emile qui occupe aujourd'hui encore les lieux.

C'est à bicyclette qu'on livrait la marchandise vers 1910 ! Cette photographie (reproduite en carte) fut prise au n°4 de la rue du Noyer devant l'une des succursales de la Maison Myrtil Weill, la boucherie M.G. Rebstock, un commerce casher. Ce magasin disparut lors des bombardements du 11 août 1944.

1909, la boucherie Alexandre Heymann, 59, Grand'rue. Ce commerce existait déjà avant le début du siècle, il était encore tenu en 1937 par un certain René Heymann. Depuis quelques années, la boucherie a laissé place à la boutique de broderie et cadeaux Alphabet.

Cette jolie maison fort ancienne, dont on devine aisément la richesse du colombage à travers le crépi, a malheureusement disparu, tout comme sa voisine de droite, sous les bombes du 11 août 1944. Elle se trouvait au 28, quai des Bateliers. En 1900, la boucherie Dietsche s'y installa. On voit ici, en 1911, le nouveau propriétaire de cette boucherie-charcuterie, J. Damm. La Maison Damm ne résista pas à la Seconde Guerre mondiale, la demeure quant à elle fut remplacée par une construction moderne. De nos jours, elle abrite un magasin spécialisé en holographes, Gehol.

En 1925, Charles Brucker, entouré de son personnel, nous présente son commerce de foies gras, poissons, gibiers et volailles, au n°14 de la rue du Vieux Marché aux Grains. Cette maison était également connue pour ses escargots nature et préparés. De nos jours, cette boutique est une poissonnerie.

Le photographe Rudolf Kissler réalisa ces clichés publicitaires pour la carte postale de la boucherie-charcuterie Karl Günther, installée dès 1905 au n°5 de l'allée de la Robertsau, dans un nouvel et superbe immeuble, édifié en 1904 par l'architecte Ferdinand Kalweit. Après la Première Guerre mondiale, ce commerce se transforma en fleurs et droguerie Schreiber pour finir par devenir l'actuel magasin Aux Fleurs de l'Orangerie.

Carte de 1909, nous présentant la boucherie-charcuterie Auguste Rieder, au n°19 de la rue Vauban. Cet établissement obtint en 1898 la médaille d'or de la ville de Paris. Plusieurs bouchers succédèrent à ce commerçant. Depuis, la façade de la boutique a été entièrement remaniée et elle abrite aujourd'hui la boucherie-charcuterie-traiteur Buchy.

Jean-Edouard Bernhard reprit le commerce de cuir Gruner en 1909, au 114, Grand'rue et le transforma en épicerie. Il y resta quelque temps, puis déménagea sa boutique au n°107 de la même rue. Vers 1930, le n°114 abritait une échoppe spécialisée en trousseaux et layettes : A la Ville de Mulhouse. Aujourd'hui, c'est un magasin de vêtements.

En 1909, Georges Bostetter, directeur d'une chaîne de commerces alimentaires, ouvrit ici une de ses succursales strasbourgeoises. L'immeuble avait été construit vers 1905 au n°15 de la rue Oberlin. Aujourd'hui, c'est l'école de langues Euro-kids.

Cette boutique de fleurs Peter Gramling se trouvait en 1909 au n°8 de la rue du Dôme, dans une des dépendances de l'ancien hôtel Livio ; son jardin se trouvait route du Rhin à Neudorf. Ce commerce fonctionna jusque dans les années 1920. Cette petite avancée faisait partie d'une maison qui fut construite en 1791, appartenant en 1817 à Etienne Livio, maire de Strasbourg et banquier. En 1837, elle devint la brasserie Le Brabant. En 1870, elle fut acquise par la Société Générale Alsacienne de banque qui en fit son siège social. Cette dépendance fut démolie en 1973, puis reconstruite à l'identique et intégrée au nouveau bâtiment moderne de la Sogernal.

C'est au n°1 de la place Saint-Thomas que prospérait vers 1925 la petite épicerie de Berta Fastinger. En 1930, ce petit commerce d'alimentation générale devint un débit de... lait ! A présent, c'est la boutique d'artisanat d'art et de bijoux Aux Couleurs du Temps.

Cette charmante boutique photographiée en 1909 n'est autre que celle de Charles Salzgeber, fabricant de tamis, filtres et grillages, fondée dans la deuxième moitié du XIX$^e$ siècle, au n°15 de la rue du Maroquin. Ernest, le fils de Charles, reprit la succession et tint le négoce jusqu'à la veille de la Seconde Guerre mondiale. Cette vénérable demeure datant de 1769 fut sérieusement touchée lors du bombardement aérien de 1944, puis entièrement reconstruite. C'est aujourd'hui un magasin de souvenirs.

En 1913, au 22, rue des Juifs, le gérant, monsieur Specht, a réuni ses employés et sa famille devant la boulangerie Siegel, qu'il dirige. Cet ancien commerce alimentaire est aujourd'hui remplacé par la boutique de prêt-à-porter féminin Donna.

Cette boutique fut fondée en 1905 par le coiffeur Holler, dans un nouvel immeuble du début du siècle, construit au n°1 de l'ancien *Schiltigheimer Platz*, l'actuelle place de Bordeaux. En 1913, un certain Karl Moritz en devint le nouveau gérant. Aujourd'hui encore, ce commerce est un salon de coiffure, il fonctionne maintenant sous l'enseigne Frisoty's Coiffure.

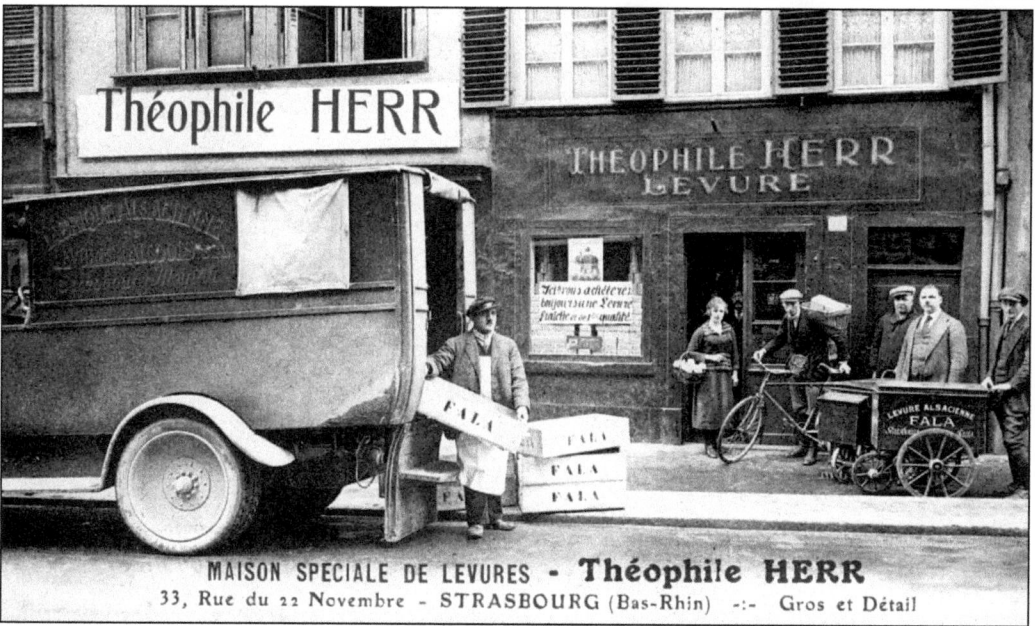

« Ici, vous achèterez toujours une levure fraîche et de première qualité ! ». Théophile Herr pose, en 1920, devant son magasin spécialisé dans le commerce de la levure au n°33 de la rue du 22 Novembre. Cette ancienne maison a survécu aux travaux de percée et aux bombardements de 1944 et abrite aujourd'hui la boutique de prêt-à-porter féminin Kitschy.

En 1899, commença la construction de cet élégant immeuble de style Louis XV, 2, rue du Dôme. Monsieur Salomon, architecte du Temple-Neuf, en dessina les plans. Ce superbe édifice comprenait plusieurs magasins, dont celui de Th.-J. Cussler, spécialisé dans la vente et l'importation de cigarettes et cigares, Maison fondée en 1820 et qui se targuait d'être le fournisseur du *Statthalter* d'Alsace-Lorraine, Hermann zu Hohenlohe-Langenburg. Vers 1918, deux sociétés bancaires s'y installèrent. On y trouve toujours une banque, la BNP.

Ce bel immeuble du n°25 de la rue du Vieux Marché aux Vins fut construit dans la deuxième moitié du siècle dernier. En 1900, il est occupé par une fabrique de vêtements, la manufacture Matthaeï. Ici, en 1920, il abrite un nouveau locataire, les établissements Balezo, commerce d'alimentation générale. Vers 1930, la banque fédérative du Crédit Mutuel s'y installe et modifie l'aspect de la façade en supprimant les deux pignons. 69 ans plus tard, cette demeure est toujours occupée par le Crédit Mutuel.

L'historien Adolf Seyboth nous apprend que cette ancienne maison au n°6 de la rue de la Nuée Bleue renfermait en 1715 les bureaux d'impôt (dîme) de l'église Saint-Pierre-le-Jeune. Sur cette photographie de 1909, le rez-de-chaussée est occupé par une papeterie dont l'assortiment était très vaste : cela allait de la plume en acier à l'armoire de bureau en passant par la machine à écrire. Ce commerce resta longtemps spécialisé dans les articles de bureau. Ces locaux sont aujourd'hui occupés par l'agence immobilière VIP.

Cette façade du XVIIIe siècle est celle de la pharmacie de l'Homme de Fer, Maison fondée en 1868. Elle doit son nom à sa curieuse enseigne qui n'est autre que la statue de l'homme de fer, habillée de l'armature d'un sergent de patrouille. Cette antique armure orna même la façade de la copie de la Maison Kammerzell à l'Exposition universelle de Paris en 1900. (carte postale de 1924).

Nous sommes dans les années 1925, au n°35 de la rue du Faubourg de Saverne, devant le magasin de motos, bicyclettes et machines à coudre de E. Fischer. Monsieur Fischer reprit les rênes de ce commerce des mains de O. Herrmann qui l'avait fondé 20 ans auparavant. Aujourd'hui, c'est la laverie libre service Augré.

Vers 1930, apparut au 31, rue du Finkwiller un magasin de bicyclettes. Victor Werlé ne vendait pas uniquement des deux roues. Il les réparait également et remettait aussi en état les machines à coudre et les gramophones. Il faisait également commerce d'articles d'électricité et d'accessoires. Cette boutique a vraisemblablement disparu avant la Seconde Guerre mondiale. Actuellement, y prospère le fleuriste Au Moulin.

Le magasin spécialisé en bicyclettes et motocyclettes Joseph Zottner s'installa vers 1910 au n°13 de la rue des Bouchers. Joseph Zottner ferma ses portes de manière définitive en 1914. Cette ancienne maison, datant de 1866, abrite actuellement une boutique de pâtes italiennes La Pâte et sa Tradition.

Louis Wolff pose devant son commerce, un débit de tabac-papeterie, situé alors 12, rue de Molsheim en 1910. Depuis, ce tabac (actuellement tabac Dietrich) a déménagé au n°16 b de la rue. De nos jours, l'emplacement de l'ancien bureau de tabac est occupé, et ce depuis de nombreuses années, par l'atelier d'un tapissier-décorateur.

Vers 1930, le magasin d'accessoires en gros pour automobiles de Th. Ehrhardt, 4, rue de Haguenau, succède au magasin de meubles Müller. De nos jours, y cohabitent l'agence de travail intérimaire Gezim et un dépositaire de matériel informatique d'occasion spécialisé Macintosh, Le Mac d'Occasion.

Cette vieille bâtisse fait partie des restes des anciens ateliers de l'arsenal de la fonderie de Strasbourg. Celle-ci se trouvait au début de la rue de la Fonderie, à l'angle du quai Schoepflin. Après 1870, elle servit d'écuries aux officiers des garnisons et fut aménagée en 1918 en entrepôt pour la brasserie Freysz de Koenigshoffen. Vers 1930, le grand garage Albert Fruhinsholz, une des agences générales des automobiles Berliet et Mathis, s'y installa. Le tout disparut en 1956 pour être remplacé de 1957 à 1961 par le centre des chèques postaux.

En 1906, s'installait au bout de la rue de la Haute Montée, à l'angle de la rue du Noyer, le Grand Magasin du Louvre.
Il organisa, le 21 août 1906, sa première fête du personnel. A cette occasion, fut éditée, en souvenir, une carte postale rendant hommage à ses deux directeurs.

Cette terrasse de café des Années Folles (1925-1930) se trouvait au sommet du grand magasin Les Grandes Galeries, dans la rue de la Haute Montée. C'est au-dessus du nouveau bâtiment Art-Déco, construit en 1925, que l'on pouvait se restaurer, tout en contemplant en vue panoramique toute la ville. En 1979, Les Grandes Galeries laissèrent place à l'actuel Printemps.

1918, la patronne de la charcuterie Weill et quatre de ses employés posent fièrement devant le 41, rue du 22 Novembre. La charcuterie Myrtil Weill fut fondée en 1838 par la veuve de Félix Weill. C'était un établissement casher qui se spécialisa en 1903 dans la fabrication de foies gras selon le rite juif. La vieille bâtisse, ainsi que les maisons voisines, furent sévèrement touchées lors du bombardement de la ville en août 1944. Elles furent remplacées, après la guerre, par un immeuble moderne renfermant plusieurs magasins et bureaux. La Maison Myrtil Weill cessa toute activité dans les années 1960.

La Maison de glaces Ferrari fut fondée vers 1925 par Jean Ferrari. Cette firme avait son siège social au n°2 de la rue des Dentelles à Strasbourg. Sur ce document, le personnel (au complet) avec ses cinq kiosques à glaces ambulants, est photographié devant l'ancienne pension de famille Ch. Birgy, 35, rue du Marais Vert. De nos jours, cette société existe toujours sous le nom de glaces Ferrari-Dallara, un commerce non sédentaire, spécialisé dans la vente ambulante et dans la fabrication artisanale de glaces.

Ce curieux kiosque à glaces ambulant, très kitsch, décoré en style rococo, appartenait à la Société de glaces Ferrari. Comme on peut le voir sur cette carte-photo de 1930, ses glaces étaient très appréciées par les jeunes écoliers strasbourgeois !

Cette carte publicitaire de 1924 nous présente les Commissionnaires Rouges, 5, rue des Francs-Bourgeois, société fondée vers 1910 et spécialisée dans la livraison de lettres, paquets et colis encombrants. La maison disparut en 1967. La société consacra ensuite son activité au déménagement de particuliers.
Les Commissionnaires Rouges, qui avaient plusieurs annexes à Strasbourg, furent repris et dirigés, après 1918, par Antoine Bignet. Vers 1970, cette affaire fut revendue à Bailly France. La petite voiture du patron était un cycle-car Mathis 6 HP.

Cette rare photographie fut prise en 1930 à l'archevêché de Messine. Au centre, entre deux *monsignore*, l'archevêque S.E. Angelo Paino ; en haut à droite, madame et monsieur Théodore Ungerer, célèbre fabricant d'horloges astronomiques qui construisit la monumentale et splendide horloge astronomique de Messine. Théodore Ungerer commença à travailler en 1919, comme ingénieur dans la fabrique d'horloges d'édifices strasbourgeoises de son père Alfred Ungerer. Dès 1924, il s'associa à l'affaire et sa passion pour les horloges astronomiques (passion communiquée par son père) le fit devenir bien vite le meilleur spécialiste en ce domaine. Malheureusement, il décéda d'une endocardite à l'âge de 41 ans. De son union avec Alice Essler naquirent quatre enfants, dont le célèbre illustrateur et auteur Tomi Ungerer.

La fabrique de foies gras Jean-Antoine Muller fut fondée en 1811 au 10, rue des Juifs et obtint en 1861 le titre de fournisseur officiel de l'empereur Napoléon III. Cette Maison fut reprise en 1874 par la Maison Chrétien Weber-Luthy (fondée en 1858), qui continua jusqu'à la veille de la Seconde Guerre mondiale la fabrication de foies gras, pâtés, aspics et médaillons. Vers 1890, l'établissement ouvrit une pâtisserie-confiserie vendant également des foies gras, 6, place Saint-Etienne. Aujourd'hui, cette maison à colombages du XV$^e$ siècle abrite la crêperie bretonne La Plouzinette.

C'est une carte postale datée de 1899 qui servait de publicité pour l'Ecole de conduite de vélo de J. Hoedt.
Ce vélodrome se trouvait 7, boulevard de l'Orangerie et son propriétaire était marchand de bicyclettes et de machines à coudre au 123, Grand'rue. Le magasin disparut avec la création de la nouvelle rue des Francs-Bourgeois dans la percée urbaine de la place Kléber à la future place De Lattre de Tassigny.

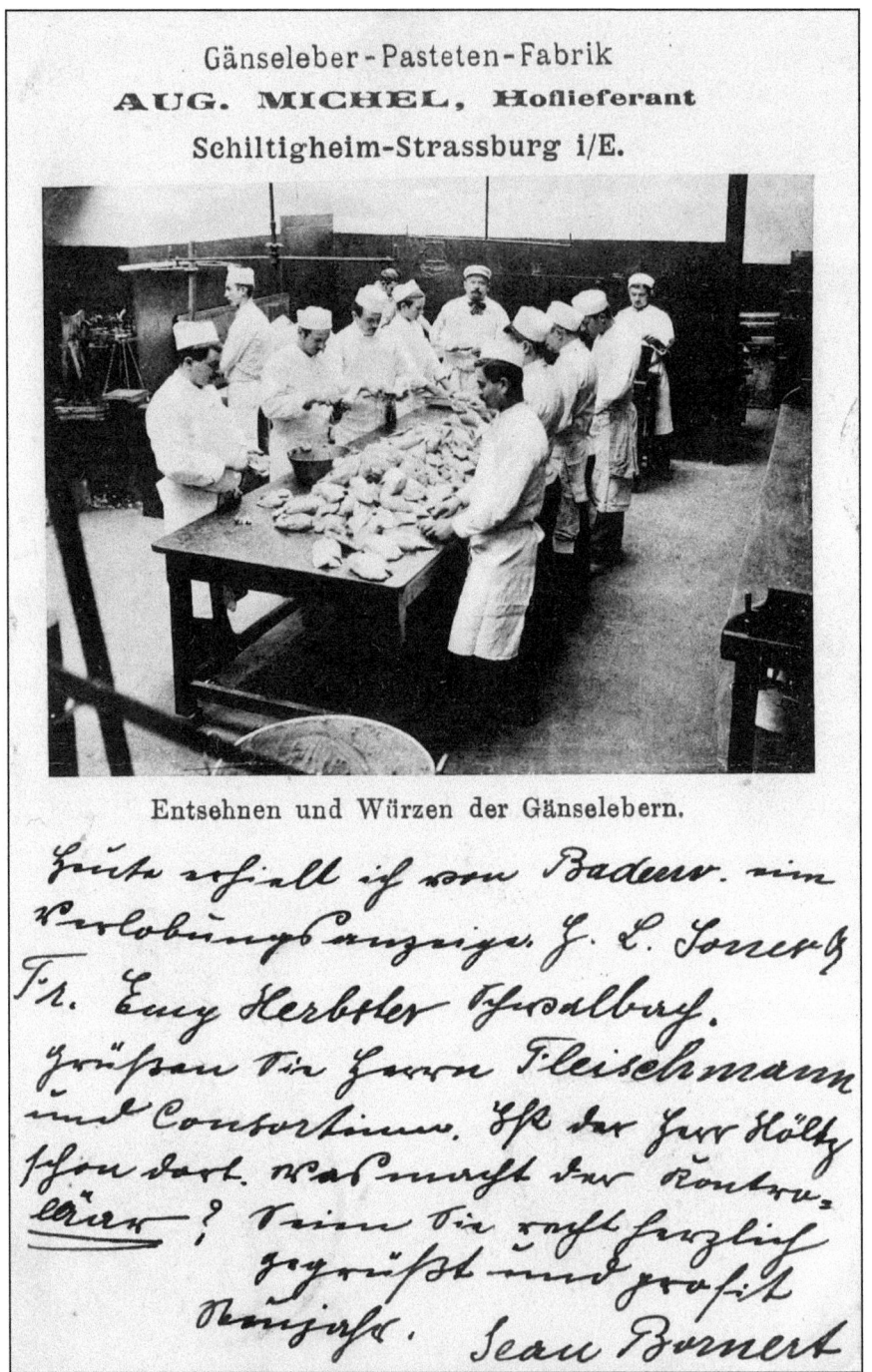

Nous sommes en 1906, dans les ateliers de préparation des foies gras Auguste Michel. Cette célèbre Maison fut créée dans les années 1885 à Strasbourg et s'installa en 1904 à Schiltigheim (au Schloessel). C'est d'une main de maître qu'Auguste Michel (mécène d'art et fondateur du Kunschtafe, la Marmite des Arts) géra son affaire qui prospéra si bien que la Maison connut un succès mondial. En 1957, la Maison Auguste Michel fusionna avec son concurrent, les foies gras Artzner.

L'artiste lyonnais Abel Faivre créa cette affiche vers 1920 pour vanter les chocolats Schaal de Strasbourg. Cette célèbre Maison fut fondée en 1770 à Paris et dirigée par la famille Schaal. En 1871, Louis Schaal reprit et transforma l'affaire en Compagnie française des chocolats et des thés Louis Schaal. Ses produits se vendaient dans le monde entier. Le siège et l'usine se trouvaient rue des Moulins, dans le quartier de la Petite France.

La Société d'alimentation et d'Alsace et de Lorraine (SADAL) avait son siège, ses magasins et ses chais dans d'anciens bâtiments, annexes de l'ancienne gare, 4, rue du Marais-Vert, ce qui lui permettait d'être directement reliée à la voie ferrée. Société anonyme, à succursales multiples, elle fut constituée en 1918 afin de vendre directement du producteur au consommateur. La SADAL créa et assura le fonctionnement de 90 magasins. Dans les années 1930, le siège administratif et les entrepôts se déplacèrent route des Romains à Koenigshoffen. Cette société disparut en 1979.

**Les CHOCOLATS SCHAAL**
se trouvent dans les bonnes maisons (liste fournie sur demande)
et 26, Avenue de l'Opéra, PARIS.

L'Electricité de Strasbourg doit ses origines à la première société strasbourgeoise d'électricité, les Elsässiche Electrizitäts Werke Otto Schultze, créée en 1889. Faute de moyens, celle-ci fut reprise par une société allemande, l'AEG (Berliner Allgemeine Elektrizitätsgesellschaft) qui construisit, rue de Molsheim (à l'emplacement de l'actuelle rue Gustave Adolphe Hirn), la première centrale thermique alimentant, dès le 15 mai 1895, la ville en courant électrique triphasé. Sur ce document, l'usine en 1898. Au même emplacement fut construit en 1984 un ensemble de bureaux.

Tout le personnel pose en 1911 devant une des agences de transport et d'expédition Seegmüller, 10, rue du Faubourg de Saverne (à l'emplacement de l'actuel magasin de cycles Diemer et Piaggio Center). Son fondateur, Guillaume-Charles Seegmüller, démarra cette entreprise de distribution régionale en 1880, rue du Marais-Vert à Strasbourg. Cette société propose actuellement un ensemble complet de prestations de transport et a une réputation mondiale.

L'Elektrizitätswerk Strassburg (L'Electricité de Strasbourg) fut fondé le 14 décembre 1899 et succéda à la société allemande. Cette société anonyme étendit et modernisa considérablement ses réseaux. Cette carte représente la nouvelle centrale thermique de la rue de Molsheim, inaugurée le 10 décembre 1910. En 1979, l'Electricité de Strasbourg s'installa dans son nouveau centre opérationnel de Mundolsheim et loua, en 1984, ses propriétés de la rue de Molsheim. Depuis, c'est Transgene, spécialiste français de la thérapie génique, qui occupe ce bâtiment.

Cigaretten-Fabrik „JOB", Straßburg i. E.　　　Fabrikansicht

Voici, vers 1910, la fabrique de cigarettes Job de Strasbourg. Cette illustre marque fut fondée en 1849 par Jean Bardou et se spécialisa très rapidement dans la production du papier à cigarettes et la manufacture de cigarettes. L'usine de Strasbourg était une de ses filiales créée au début du siècle. Celle-ci se trouvait à la Meinau, au n°9 de la route de la Fédération. Elle disparut à l'aube de la Seconde Guerre mondiale. Job est toujours en activité aujourd'hui dans le sud-ouest de la France et emploie un millier de personnes dans ses usines.

Cigaretten-Fabrik „JOB", Straßburg i. E.　　　Tabak-Sortierung

Voici l'atelier de triage des feuilles de tabac de la fabrique de cigarettes Job vers 1910.

# 5
# Les transports

Photo souvenir avant le départ d'une ascension aéronautique, le 24 septembre 1908. Ce rare document fut pris dans la cour de l'ancienne usine à gaz. Ce jour-là, la Société aéronautique d'Augsbourg organisa un voyage touristique de Strasbourg à Heidelberg, à bord de son ballon *Augusta II*, emportant à son bord quatre personnes sous le commandement du capitaine Lohmüller. Le ballon fut lâché à midi mais fut contraint d'atterrir avant Heidelberg, pour des raisons météorologiques, vers 16 heures 30.

Le 15 mai 1909, à 9 h 20, fut lâché de Strasbourg le ballon *Graf von Wedel*, du nom de son parrain, le *Statthalter* von Wedel. Peu de temps après, il atterrit à Baden-Baden. Cette rare *Ballonpostkarte* voyagea à bord du ballon pour être expédiée sur le lieu de l'atterrissage. En 1912, L'Oberrheinischer Verein für Luftfahrt (l'Association aéronautique du Rhin Supérieur) comptait plus de cinq cents membres et disposait d'un parc d'aérostats fort important.

Document rare, témoin d'un lâcher de ballons-sondes à Strasbourg par un régiment allemand, en mars 1898. Ce type de lâcher n'était utilisé qu'à des fins purement militaires.

Cette photo fut prise du Heyrits, le 4 août 1908, lors du passage du curieux aéronef du comte Zeppelin à Strasbourg. A une vitesse de 50 km/h, ce dirigeable de 136 mètres de long survola la ville. Il fut entièrement détruit le lendemain à Echterdingen, lors d'un terrible ouragan.

Cette carte postale fut éditée en souvenir du Mulhousien Charles Laemlin, valeureux pilote de monoplan. Il décéda dans un tragique accident d'avion, lors du meeting aérien de Strasbourg du 23 mai 1911.

Schaufliegen vom 23. Mai 1911 auf dem Polygon Straßburg

C'est au Polygone que fut organisé, le 23 mai 1911, ce grand meeting aérien, où de nombreux curieux et amateurs de sensations fortes assistèrent aux performances de nouvelles machines volantes. Malheureusement, suite à de mauvaises conditions météorologiques, le décollage des monoplans fut retardé de trois heures. L'avion du pilote Charles Laemlin décolla de l'aérodrome sous les applaudissements de la foule.

Schaufliegen vom 23. Mai 1911 auf dem Polygon Straßburg

Au cours du final, le biplan du pilote Laemlin perdit de l'altitude et se dirigea tout droit sur une allée de peupliers, frôla l'un d'eux et s'écrasa sous le regard effaré de la foule. Malgré la rapide intervention des secours, Laemlin perdit la vie en ce tragique jour de mai 1911.

Le 3 mai 1910, le monoplan *Antoinette*, fabriqué par la firme Levasseur et amélioré par le fabricant automobile Mathis, survole le terrain militaire du Polygone. Piloté par Wiencziers, cet avion parvient même à passer au-dessus de la cathédrale de Strasbourg. Malgré l'intérêt qu'Emile Mathis portait à l'aviation et en dépit du succès de cette opération, il ne donna aucune suite à cette campagne et préféra se consacrer à la fabrication de voitures.

Place de la République, en 1918, à l'emplacement de l'orgueilleuse statue de Guillaume 1$^{er}$, déboulonnée par les Strasbourgeois, furent exposés des trophées de guerre arrachés à l'ennemi : des canons et un avion chasseur Fokker.

En 1900, monsieur Thiem, commerçant strasbourgeois, pose fièrement avec sa famille et ses employés dans sa première voiture, une Benz. Un curieux véhicule, bien caractéristique des toutes premières voitures, avec un moteur arrière dissimulé sous la caisse, une carrosserie dos à dos type dog-cart, une barre de direction et des lanternes de fiacre.

Cette carte publicitaire date des années 1905 et nous présente une des premières voitures Mercedes vendues à Strasbourg par Conrad Schmidt. Représentant des marques Benz et Mercedes, il possédait son bureau de vente route du Rhin à Neudorf. Cette Mercedes Simplex 28/32 PS Phaéton était, pour l'époque, d'une grande modernité, avec son châssis en tôle, ses quatre cylindres en ligne et son radiateur en nid d'abeille.

Dès l'âge de 12 ans, le jeune Emile Mathis s'intéressa à la mécanique et c'est tout naturellement qu'il entreprit des études dans ce domaine. En 1898, il fut embauché comme chef monteur dans la toute nouvelle firme automobile De Dietrich à Niederbronn. Mathis devint rapidement représentant de la marque et finit par fonder sa propre entreprise à Strasbourg, la EEC Mathis. En 1905, il créa l'Auto-Mathis Palace, rue Finkmatt. Voici le garage en 1909, avec sa terrasse d'exposition, ainsi que des véhicules de marques différentes, dont le constructeur était dépositaire. Aujourd'hui, cet immeuble abrite la Mutuelle complémentaire d'Alsace.

C'est chez De Dietrich qu'Emile Mathis rencontra Ettore Bugatti. Les deux hommes s'associèrent et construisirent les fameuses voitures Hermès-Simplex dans un atelier de la Société alsacienne de constructions mécaniques à Graffenstaden de 1904 à 1907. Cette voiture Hermès fut photographiée vers 1905 à la hauteur du n°2 de la rue du Maréchal Foch.

En 1911, Emile Mathis fit construire sa nouvelle usine automobile le long de la route de Colmar, à la Meinau. Cet immense entrepôt, atelier de vente et de construction automobile, produisit, dès 1912, les premiers modèles de la firme Mathis, de petites voitures surnommées Babylettes.

MATHIS 10 HP. Torpédo 3 places
*Moteur : 60x100 4 cyl. monobloc - Embrayage : à disques - 4 vit. et marche arrière.*

Sur cette publicité Mathis, le nouveau modèle Mathis 10 HP, conduit par le couple Mathis, en 1919, à Deauville. Emile Mathis naquit le 15 mars 1880 à Strasbourg, dans une famille d'hôteliers alsaciens très aisés. En 1939, Emile Mathis quitta la France et se mit à la disposition des Américains. En 1946, il rentra à Strasbourg pour y découvrir que son usine avait été entièrement détruite par les bombardements. Malgré de vaines tentatives pour relancer son entreprise, il fut contraint, en 1953, de vendre son usine automobile à Citroën. Mathis décéda accidentellement à Genève, en 1956.

Ce bolide photographié dans les années 1925 est une voiture de course Mathis 10 HP. La firme Mathis engagea plusieurs véhicules de sa marque lors de nombreuses compétitions automobiles, dans lesquelles elle triompha à plusieurs reprises. Dans les années 1930, les usines Mathis employèrent jusqu'à 15 000 personnes et produisirent jusqu'à 100 véhicules par jour. Mathis devint ainsi le 3$^e$ constructeur automobile français, derrière Renault et Citroën. En 1934, Mathis conclut une alliance avec Ford, d'où naîtra la gamme Matford.

Le 7$^e$ Grand Prix de l'ACF (Automobile Club de France) fut disputé en Alsace, le 15 juillet 1922. Son circuit traversa les villages de Duppigheim, Entzheim, Innenheim et Duttlenheim. De nombreuses firmes automobiles participèrent à cette compétition et 18 voitures de course furent engagées au départ. Amateurs et curieux assistèrent, entassés le long du circuit, à cette manifestation automobile. Seules 3 voitures finirent la course et l'Italien Felice Nazzaro emporta ce 7$^e$ Grand Prix à bord d'un voiture de course Fiat.

L'Electricité de Strasbourg profita de la percée de la rue du 22 Novembre pour y faire construire un bâtiment administratif (plans de l'architecte munichois Bieber) à l'angle de la rue du Jeu des Enfants et emménagea le 1er octobre 1915. Elle déménagea définitivement ses bureaux sur le boulevard du Président Wilson (dans l'avancée) en 1994. Les magasins Tati ouvrirent une succursale dans ses anciens locaux en novembre 1995. Sur cette carte de 1925, se trouve l'agence de voyage et d'excursions P. Le Bourgeois, qui occupait un des magasins que comptait l'immeuble.

Voici, en médaillon, les organisateurs de la Grande course cycliste internationale, ainsi que la voiture officielle. Le circuit couvrait 200 kilomètres, de Strasbourg à Nancy, et son départ officiel fut donné à 9 heures, le 14 août 1909.

Les cyclistes attendent le signal du départ lors de la grande course cycliste, l'internationale Strasbourg-Nancy des 14 et 15 août 1909. Un premier rassemblement eut lieu aux Contades à Strasbourg, à 7 heures du matin.

Cette jolie station de tramway, chef-d'œuvre de style Art-Nouveau, se trouvait en 1906 sur la place Kléber. C'était la nouvelle gare du terminus des lignes convergeant vers cette place.

En 1940, Strasbourg est occupé. Depuis, rien n'a vraiment changé rue de la Mésange, si ce n'est le tramway de la ligne 2/12 qui reliait le pont d'Anvers à Wolfischeim.

En 1918, le tramway de la ligne 3 est à l'arrêt au bout de la rue de la Mésange, au coin de la place Broglie, à la hauteur de l'ancienne librairie Berger-Levrault (actuellement Muller). Cette ligne de tramway reliait la gare centrale de Strasbourg à la Robertsau.

# 6
# Fêtes et faits divers

Un très rare cliché du cinéma du théâtre de l'Union, quai Kellerman, en 1913. Ce grand bâtiment fut dessiné en 1895 par l'architecte Eugène Dacheux et construit trois ans plus tard pour l'hôtel et le théâtre Union. Cet hôtel moderne devint le quartier général des députés catholiques alsaciens du *Landesausschuss* (Parlement alsacien). Le grand théâtre souffrit rapidement des nouvelles modes et fut transformé en cinéma. L'Union devient l'Odéon puis le Ritz et ferma ses portes en 1987, pour laisser place quelques années plus tard à une résidence de grand standing, avec commerces.

Le Grand cirque de Strasbourg fut créé par des Strasbourgeois et était très réputé au début du siècle pour ses attractions, sa brillante troupe et la qualité de son spectacle. C'était l'un des cirques européens les plus importants, qui remportait toujours un énorme succès lors de ses tournées dans les différentes grandes villes d'Europe. Plusieurs autres cirques vinrent à Strasbourg, dont les cirques Sidoli et Schumann. Ces cirques montaient généralement leurs chapiteaux dans une vaste arène qui fut construite vers 1900, boulevard de Pierre, par A. Brion.

L'école de dressage de chevaux du Grand cirque de Strasbourg en 1911. Les Strasbourgeois étaient très friands de ce type de spectacle et il n'était pas rare que certains cirques prolongent leur séjour de quelques jours.

Le Comité carnavalesque est au complet, prêt à présider et à lancer les festivités du carnaval de Strasbourg de 1900.

On commençait à célébrer le Prince Carnaval dès le début du mois de janvier. Pendant les semaines du carnaval, plusieurs corporations et sociétés carnavalesques de la ville organisaient de somptueuses fêtes masquées. Pour le plus grand carnaval, celui de 1900, on demanda à l'artiste alsacien Henri Weng (H.W.) de dessiner une série de cartes postales, dont voici un exemplaire concernant la guerre des Boers.

Le carnaval était déjà fêté à Strasbourg au Moyen Age, mais il fut remis au goût du jour après 1870, avec la venue des Allemands. Sur cette carte, nous apercevons le char des clowns lors du carnaval de Strasbourg de 1900.

Sur cette seconde carte, on peut voir défiler le char des champions du monde d'athlétisme, au milieu du cortège carnavalesque. Au second plan, la gare de Strasbourg, point de départ de ce grand carnaval en 1900.

Comment résister aux charmes de cette élégante vendeuse d'un jour en 1900 lors du *Narzissenfest* (la fête des narcisses). Cette scène se passe sur la place Broglie, devant l'actuelle librairie Muller.

Les fêtes des narcisses se terminaient toujours par un grand bal. Ici, en 1915, c'est un bal champêtre qui clôtura cette manifestation qui se déroulait à l'Orangerie. Ces fêtes étaient toujours organisées au profit de diverses œuvres de bienfaisance de Strasbourg.

Au début du siècle, à l'occasion de la fête des narcisses, un corso nautique fleuri se déroulait sur l'Ill, le long du quai des Pêcheurs. Les nombreux cercles nautiques strasbourgeois, comme la Stella, le Rowing-Club et le Sport-Club, y participaient avec leurs bateaux magnifiquement décorés et leurs équipages. La réussite de cette fête extraordinaire tenait tant à la qualité du spectacle qu'à la présence de nombreux spectateurs.

Quel succès pour cette fête d'été à l'Orangerie, en ce jour du 1$^{er}$ juin 1908 ! Que de participantes aussi, toutes plus élégantes les unes que les autres, coiffées de superbes chapeaux et protégées du soleil par de magnifiques ombrelles. Au programme de cette journée, un concert donné par l'orchestre municipal, puis un concours d'ombrelles. Cette manifestation eut lieu sous le patronage de la comtesse Stéphanie von Wedel, épouse du *Statthalter*.

Que de charme et de luxe pour toutes ces dames vêtues de leurs plus beaux atours lors de cette fête d'été de juin 1909, à l'Orangerie. Ce jour-là, on put écouter des concerts, voir des joutes nautiques et admirer un grand corso fleuri destiné aux enfants. C'est une fois de plus sous la présidence de la comtesse von Wedel que se déroula cette charmante manifestation.

Cette carte nous présente la parade des enfants lors du corso fleuri de la fête d'été de l'Orangerie, en 1909. Cette manifestation se termina par un repas de gala, suivi d'une retraite aux lampions et d'un grand feu d'artifice. Les bénéfices de cette grande fête alimentèrent les nombreuses œuvres de bienfaisance fondées par la comtesse von Wedel : des colonies de vacances pour enfants, le refuge pour animaux (*Tierheim*, actuelle SPA) et l'hôpital Stéphanie au Stockfeld.

Le photographe Nels nous laisse une fois de plus une image étonnante prise à l'Orangerie en 1903. Ce curieux monument est un kiosque oriental qui appartenait au roi Louis II de Bavière. Il fut racheté par la ville de Strasbourg en 1888, afin de décorer le parc de l'Orangerie. On l'y installa avec la totalité de son contenu le 15 juillet 1888.

Ce décor oriental n'est autre que celui du kiosque oriental de l'Orangerie en 1900. On visitait cette curiosité des premiers jours du printemps à la mi-octobre, le droit d'entrée était fixé à 20 pfennig. En 1898, il attira 2 856 visiteurs, pour une recette de 571 Mark et 20 pfennig. Peu à peu oubliée, puis abandonnée, cette gloriette se dégrada et fut vendue en 1925 à un particulier pour 800 francs.

Une scène bien singulière en ce jour de l'année 1909 au zoo de l'Orangerie. Un gardien du zoo, avec perché sur son épaule droite un magnifique perroquet, nourrit une des nombreuses biches du parc. A l'origine, le petit zoo avait été aménagé en 1899, afin d'agrémenter la Grande Exposition Industrielle et Artisanale de Strasbourg. Devant la menace de sa disparition, on créa en 1929 la Société des amis du zoo. De nos jours, ce parc animalier est toujours très fréquenté et fait le bonheur des Strasbourgeois.

En 1905, la musique militaire retentissait dans ce joli kiosque qui se trouvait dans les jardins de la brasserie-restaurant Tivoli.

D'élégantes dames posent avec leur bicyclette, en souvenir de la fête de charité et de la fête cycliste du 31 mars 1900, organisée dans la grande salle du *Hauptrestaurant* de l'Orangerie. Cette manifestation fut organisée par le *Vaterländischer Frauenverein* (l'Union patriotique des femmes allemandes), l'association des vélocipédistes allemands et par le *Deutsche Taure Club*.

En ce jour d'octobre 1911 avait lieu au vélodrome du Wacken, à Strasbourg, un grand meeting de courses de vitesse et d'endurance, auquel participaient de grosses motos.

En 1900, le *Strassburger Fussballverein* avait son siège ainsi que son stade au bout de l'ancien Kronenburgerring, l'actuel boulevard du Président Wilson. C'était un club d'athlètes amateurs, fondé à la fin du siècle dernier par l'Association des footballeurs allemands.

C'est sous l'œil de leur entraîneur qu'un groupe de sportifs pose pour le photographe, lors du grand concours de gymnastique des 14 et 15 août 1910 à Strasbourg. Cette grande rencontre sportive se déroula sous la présidence de la société de gymnastique strasbourgeoise Vogesia et attira de nombreuses sociétés de gymnastique alsaciennes, vosgiennes et allemandes.

« Fidèle bonjour allemand du bal masqué de Strasbourg ! » du DVH (*Deutschnationaler Handlungsgehifenverband*). Cette fête avait lieu à l'hôtel Union de Strasbourg et la DHV était une association d'employés de commerce pro-allemands, fondée à Strasbourg en 1893, et qui faisait partie de l'Union allemande des employés.

Ces messieurs contemplatifs admirent des clichés de l'exposition de la Photographie, qui se déroula dans une des salles du château des Rohan de Strasbourg, du 16 avril au 3 mai 1906.

Le soir du 6 août 1904, des badauds assistaient, impuissants, aux manœuvres des pompiers occupés à éteindre le terrible incendie qui ravagea entièrement l'orphelinat et l'église Sainte-Madeleine. Dieu merci, il n'y eut pas de victimes, les 140 orphelins furent évacués à temps. En revanche, de la jolie église datant du XV$^e$ siècle, il ne reste plus que quelques pans de murs noircis. L'orphelinat sera reconstruit au Neudorf, l'église quant à elle sera entièrement rebâtie à son emplacement d'origine, mais dans le style moderne allemand de l'époque.

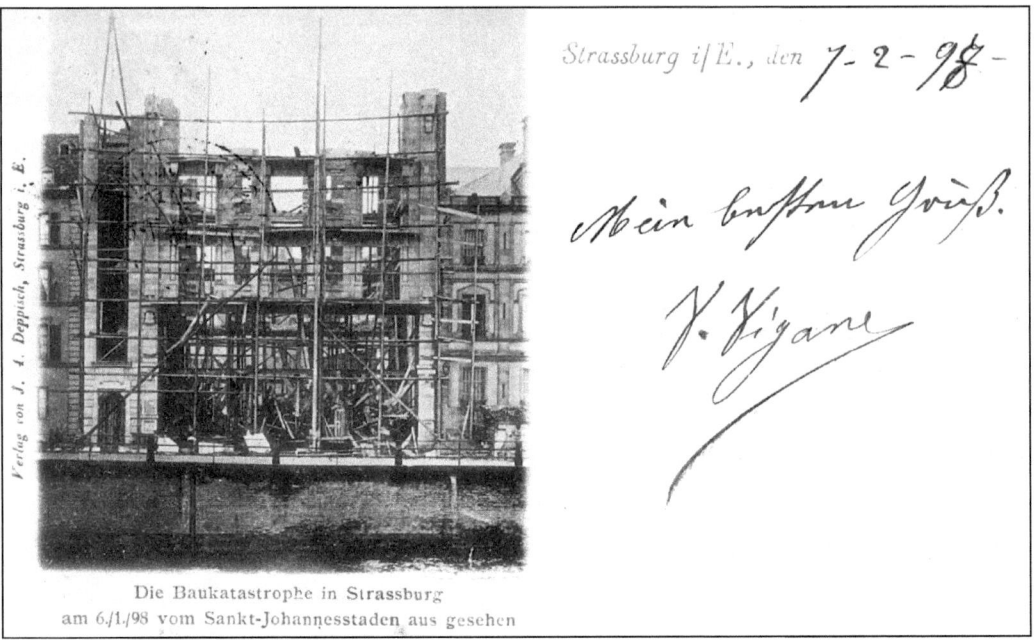

Die Baukatastrophe in Strassburg am 6./1./98 vom Sankt-Johannesstaden aus gesehen

En ce 6 janvier 1898, sur le chantier de construction d'un immeuble donnant dans la rue du Vieux Marché aux Vins et sur le quai Desaix, c'est la catastrophe ! L'immeuble que l'on élève vient de s'effondrer et de causer la mort de sept malheureux ouvriers. Selon les journaux, il s'agit là d'un des accidents de travail les plus graves de l'époque.

Leichenparade des verstorbenen commandirenden Genarals des XV. Armeecorps, General der Infanterie Freiherrn v. Falkenstein zu Strassburg i. Els. am 8 Mai 1899.

Le 8 mai 1899, au début de la rue du Faubourg National, les Strasbourgeois rendent un dernier hommage au général de Falkenstein. Ce général commandait le 15e corps d'armée de Strasbourg et succomba à une rupture d'anévrisme à l'âge de 59 ans.

Des milliers de Strasbourgeois vinrent rendre un dernier hommage à la princesse Léopoldine Honenlohe-Langenburg, épouse du *Statthalter* (gouverneur) d'Alsace-Lorraine. Elle décéda à Strasbourg, le 23 décembre 1903, à l'âge de 66 ans. Le long cortège funéraire, corbillard en tête, longe le quai Saint-Jean pour entrer dans la rue du Maire Kuss.

Le 1er mai 1904 fut inauguré sur la place de l'Université de Strasbourg un nouveau monument, celui dédié à Goethe. Cette très belle œuvre de bronze, due au sculpteur berlinois Ernest Waegener, fut érigée en souvenir des études universitaires que fit Goethe à Strasbourg, de 1770 à 1771.

C'est à l'occasion du centenaire de la naissance du savant Louis Pasteur et en souvenir de ses recherches effectuées à Strasbourg de 1848 à 1854 que furent organisées en 1923 plusieurs manifestations commémoratives. Ici, l'imposant monument du sculpteur lyonnais Jean Larrives, un obélisque portant le médaillon de Pasteur, entouré d'un bassin et gardé de part et d'autre par un géant et ses deux chiens (en bronze), qui fut inauguré en grande pompe le 31 mai 1923. Il fut démantelé par les nazis dès leur arrivée, en 1940.

Cette scène de kermesse se déroule à l'Orangerie en 1920, lors de la Grande kermesse alsacienne.

Les Haras nationaux de Strasbourg sont situés au n°1 de la rue Sainte-Elisabeth, dans une belle propriété du XVIIIe siècle construite par la ville de Strasbourg en 1752. Le cliché date de 1913.

Ce concours de natation se déroula aux bains Weisz, à Strasbourg, vers 1910. Cet établissement de bains fut fondé en 1860, le long de l'Ill, à la hauteur du quai Zorn, derrière l'église Saint-Paul. En 1925, Strasbourg comptait plusieurs autres bains de rivière dont les bains Mathis, Petite France et Person.

En 1905, toute la famille est au complet pour la photo-souvenir des bains du Rhin. Ces curieux établissements furent aménagés le long du fleuve, à proximité du pont routier de Kehl.

Et voici, pour les courageux, le plongeoir des bains du Rhin, en 1910. Dans les années 1930, plusieurs centres de bains populaires furent aménagés le long du fleuve, derrière le parc du Rhin.

Ce n'est pas Cannes, mais bel et bien Strasbourg-plage en 1943 ! Cette plage a pour origine une ancienne gravière exploitée au début du siècle par l'entreprise Urban d'Illkirch-Graffenstaden. Après la Première Guerre mondiale, on la transforma en un lieu de baignade populaire. En 1929, son nouveau propriétaire, monsieur Schartner, en fit une belle réalisation balnéaire et fit transformer le lac de 15 hectares (plus 10 hectares de terrain environnant) en plage aménagée connue sous le nom de Strasbourg-Plage-Baggersee.

Une des cartes postales lithographiques diffusées par la librairie strasbourgeoise E. l'Oleire Trübner (place de la Cathédrale) pour la Grande Exposition Industrielle et Artisanale de Strasbourg, une grande foire commerciale qui se déroula sur cinq mois à l'Orangerie en 1895. Lors de cette manifestation, on lança la mode de la collection de cartes postales, ceci grâce aux exposants imprimeurs et éditeurs de cartes postales. Plus de 30 cartes ont ainsi été émises à cette occasion.

Voici une des premières cartes photographiques, elle fut éditée à l'occasion de la Grande exposition de 1895. On pouvait y voir des artisans, des œuvres d'art, l'électricité et ses applications, et surtout y découvrir la grande halle aux machines. Sur ce document, on voit le *Hauptrestaurant*, le restaurant principal.

Hauptportal der Ausstellung

En 1912, la ville de Strasbourg aménagea un grand terrain de 134 hectares à la Metzgerau (plaine des Bouchers), à la Meinau, le long de la route de Colmar. C'est à cet endroit que fut organisée, en juin 1913, une grande exposition agricole qui attira de nombreux paysans des campagnes environnantes, mais aussi beaucoup de citadins curieux.

Document daté de 1914, nous présentant des stands d'exposition, lors d'une foire alsacienne ayant lieu au parc du Wacken à Strasbourg.

La foire-exposition de Strasbourg ouvre ses portes en 1930. C'est au Wacken, sur un champ de foire de 30 hectares réalisé par la ville en 1922, que se déroulait cette grande manifestation.

C'est au Wacken que fut organisée pour le centenaire de la naissance de Louis Pasteur en 1919, sous le patronage du gouvernement français, de la ville de Strasbourg et de l'université, une grande manifestation consacrée à l'hygiène scientifique et appliquée. Cette importante foire-exposition fut, grâce à son nombre d'exposants mais également de visiteurs, un énorme succès commercial.

# 7
# Le pouvoir et la vie militaire, le retour à la mère patrie

Cette photographie, prise en 1886, fut éditée en carte postale en 1897, en souvenir des visites de l'empereur d'Allemagne, Guillaume I$^{er}$, à Strasbourg. Il vint pour la dernière fois à Strasbourg en 1886, accompagné du roi de Saxe, du grand duc de Bade, du grand duc de Hesse, du *Kronprinz* (son héritier, Guillaume II) et de sa suite impériale. Le 11 septembre, il passait en revue ses troupes, 35 000 hommes qui paradaient pour leur *Kaiser*, au Polygone. Auparavant, il était déjà venu à Strasbourg en 1877 et 1879. Lors de ce dernier séjour, en 1886, fatigué, il ne se déplaça plus qu'en calèche. Il décéda à Berlin en 1888, à l'âge de 91 ans.

Carte postale éditée en 1897, en souvenir de la visite de Guillaume I$^{er}$ en 1886. Le 16 septembre 1886, lors du séjour impérial de Guillaume I$^{er}$ en Alsace, on donna en son honneur une grande fête et la nouvelle université de Strasbourg fut baptisée Kaiser Wilhelm Universität.

Nous sommes le 4 septembre 1899, à la gare de Neudorf. Le *Kaiser* Guillaume II, accompagné du roi de Würtemberg, prend place dans une somptueuse calèche, attelée par quatre chevaux. Ils se rendront tout d'abord au Polygone afin de passer en revue le XV$^e$ corps d'armée, puis feront leur entrée en ville. Cette visite impériale dura trois jours et attira de nombreuses personnalités du Gotha allemand.

En 1899, cette curieuse bâtisse abrite le premier *Landesausschuss* (parlement régional alsacien). Elle fut construite le long de l'actuelle place de la République. On l'appelait aussi « chalet », en raison de son étrange architecture à pans de bois. Celui-ci fera place en 1892 au nouveau bâtiment de style Renaissance italienne des architectes allemands Hartel et Neckelmann. De nos jours, il sert de conservatoire et de théâtre.

Toile peinte en 1900, par le peintre allemand Hess, en souvenir d'une séance du parlement d'Alsace-Lorraine (56 députés). Sa première séance eut lieu dans l'ancienne préfecture de Strasbourg, le 17 juin 1875. A l'origine, il était appelé à assister l'administration allemande dans la préparation des textes de loi. Ces parlementaires débattaient du budget ainsi que de politique régionale. Son plus célèbre représentant fut l'abbé Wetterle. Au fil des années, ce parlement devint gênant pour l'empire.

Sur cette carte de 1903, le Statthalter-Palast, le palais du Gouverneur, l'actuel hôtel de la préfecture, et, en médaillon, le prince Hermann Honenlohe-Langenbourg, oncle de l'impératrice Augusta et *Statthalter* d'Alsace-Lorraine de 1894 à 1907.

Carte postale éditée en souvenir du départ de Strasbourg du Statthalter comte von Wedel et de son épouse, le 19 avril 1914. Ce fonctionnaire allemand était venu remplacer, le 22 Novembre 1907, le prince Hermann Honenlohe-Langenburg. La comtesse Stéphanie von Wedel (née Hamilton), d'origine suédoise, s'occupa de nombreuses œuvres de bienfaisance et fut également fondatrice de l'hôpital Stéphanie, une maison pour handicapés moteurs, au Neuhof.

Le 12 mai 1906, le *Kaiser*, en visite à Strasbourg, inaugure le Soldatenheim (foyer du Soldat). Cette maison de repos et de loisirs pour soldats fut construite de 1905 à 1906, au n°21 de la rue Vauban et faisait l'angle avec la rue de Flandre.

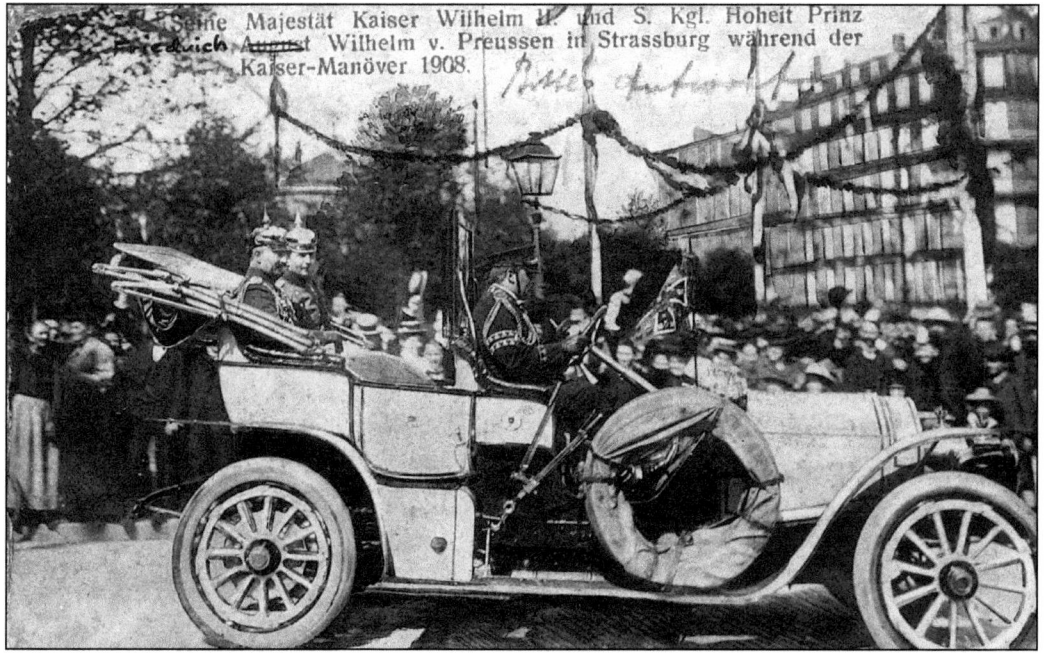

En 1908, Guillaume II est accompagné de son fils, le prince héritier Frédéric-Guillaume de Prusse, pour la grande parade militaire du Polygone. Pour cette traditionnelle et grande parade de Strasbourg, la suite impériale préférera l'automobile, plus moderne et confortable, à la calèche. Ici, dans un gros Phaéton-Landaulet, une Fiat 6 cylindres, circulant place Broglie.

Le 11 mai 1911, l'empereur Guillaume II, accompagné des autorités militaires et civiles de Strasbourg, inaugura en grande pompe la statue de l'empereur Guillaume I$^{er}$, roi de Prusse. Ce monument fut déboulonné et jeté à terre par les Strasbourgeois, le 21 novembre 1918, à la veille de l'entrée des troupes françaises.

Sur le pont de l'Université, la foule en liesse acclame l'empereur et sa suite, lors de la *Kaiser Parade* du 11 mai 1911. Les curieux formaient une haie sur tout le parcours du cortège impérial et firent au souverain un accueil des plus sympathiques.

L'impératrice Augusta Victoria remercie un groupe d'Alsaciennes lors de la *Kaiser Parade* du 11 mai 1911. Cette photo fut prise sur le pont de l'Université.

La *Kaiser Parade* du 13 mai 1912. Le cortège débouche au bout de la rue du Maire Kuss, entouré par un impressionnant service d'ordre constitué par les troupes de garnison.

Le *Rhein Husarenregiment* n°9 (9ᵉ hussard prussien du Rhin) aux environs de Strasbourg, en 1905. A cette époque, la défense militaire allemande de Strasbourg était constituée de 14 forts, dispersés tout autour de la ville, et était considérée comme l'une des forteresses les plus solides de l'empire germanique, riche d'une garnison d'un total de 16 000 hommes. Ce régiment était cantonné dans des casernes, place Saint-Nicolas aux Ondes, à Strasbourg.

En 1905, avenue de la Marseillaise, le 1ᵉʳ bataillon de Basse-Saxe, le régiment d'artillerie n°10, parade en musique. Ce régiment était cantonné dans les casernes Decker, à l'esplanade.

En 1915, sur la place Kléber, le 15ᵉ régiment du corps d'armée, le *General Kommando*, est prêt à relever sa garde. Cette scène quotidienne se déroulait devant l'aile gauche de l'Aubette, où était cantonné ce régiment, et faisait la plus grande joie des badauds.

Louis III, roi de Bavière, en visite à Strasbourg en août 1915. Le voici le 18 août, inspectant le corps d'armée bavarois, le *Badische Fuss-Artillerie-Regiment n°14*, cantonné alors à Strasbourg, et remettant des décorations.

Mannschafts-Billardzimmer des Strassburger Soldatenheims

En 1915, des soldats jouent dans une salle de billard du Soldatenheim (foyer du Soldat), rue Vauban. De l'architecture intérieure du foyer, il ne reste plus que le corps central, l'encorbellement a disparu aussi et l'ensemble a été fortement remanié. Sur l'emplacement de la cour a été construit un immeuble moderne accolé à l'ancien. De nos jours, c'est un centre de loisirs et une crèche.

STRASBOURG - Hôpital Militaire Gaujot - Salle de Réunion

Vers 1920, après le retour de l'Alsace à la France, des soldats se distraient dans une salle de réunion de l'ancien hôpital militaire Gaujot, rue de l'Hôpital Militaire, l'actuelle Cité administrative.

Bekanntmachung des Belagerungszustandes am 31. 7. 1914 in Strassburg i. E.

Le 31 juillet 1914, un groupe d'officiers allemands défile dans les rues de Strasbourg et proclame l'état de siège. Ici, place de la Cathédrale.

Strassburg i. Els.    Gefangene französische Alpenjäger

Un groupe de prisonniers, des chasseurs alpins français escortés par des militaires allemands, défile en 1915 place Broglie, sous les regards inquiets des Strasbourgeois.

Cette photo fut prise sur la place Kléber, le 22 novembre 1918, après l'entrée triomphale des libérateurs. Le général Gouraud est à la tête du cortège, suivi des régiments français chantant la Marseillaise. Les Poilus, quant à eux, présentent fièrement leur drapeau français, celui des spahis.

Strassburg: 22. Nov. 1918 Einzug der franzosen fahne der der Spais. le drapeau des Spahies.

Strassburg 10. Nov. 1918 Ausruf der Republik.

Le 10 novembre 1918, devant l'Aubette, place Kléber, les soldats et marins mutins de Kiel proclament le Conseil révolutionnaire. Au centre (avec un chapeau melon), le socialiste Jacques Peirotes proclame la République. Elu maire de Strasbourg, il fut durant les troubles un des plus vifs défenseurs de ses concitoyens et de leurs intérêts et ceci jusqu'à l'arrivée des forces françaises.

Ces trois statues d'empereurs allemands trônaient avec six autres le long des fenêtres de l'avant-corps central de la façade principale de l'hôtel des postes, avenue de la Marseillaise (carte postale de 1899).

Voici les trois autres statues de Guillaume I, Frédéric III et Guillaume II de Hohenzollern, qui furent décapitées dans la nuit du 20 novembre 1918 par des pro-français, avant l'arrivée des troupes françaises dans Strasbourg. Un acte symbolique contre un emblème du Saint Empire Romain Germanique.

25 Nov. 1918 Entrée du maréchal Pétain à Strasbourg.
Une foule en délire acclame le maréchal

25 novembre 1918. Entrée solennelle du maréchal Pétain accompagné du général de Castelnau, défilant dans les rues de la ville en automobile, sous les acclamations d'une foule en délire.

Des Tanks de l'armée française glorieuse
à Strasbourg, le 9 déc. 1918

Le 9 décembre 1918, devant la grande poste centrale de Strasbourg, sont exposés les tanks de l'armée française (des chars Renault), qui défilent lors du voyage officiel du président Raymond Poincaré à Strasbourg.

# 8
# Les années de guerre (1939-45)

« *Hitler, maître de Strasbourg* ! » Cette surprenante carte de propagande nazie fut réalisée par un artiste allemand, afin de démontrer aux Alsaciens la suprématie de leur nouveau maître. Le 19 juin 1940, Strasbourg tombait entre les mains de la *Wehrmacht*. Les nazis régnèrent pendant cinq années sur une Alsace meurtrie.

Cette photographie fut éditée sous forme de carte postale et destinée à la propagande du III<sup>e</sup> Reich. Le 28 juin 1940, le chancelier Hitler entre dans la ville de Strasbourg en compagnie du ministre d'Etat Otto Meissner et du maréchal Keitel. Lors de sa sortie de la cathédrale, le chancelier Hitler lança à ses hommes massés sur le parvis de l'église : « *Abandonnerons-nous aux Français ce beau monument ?* » Réponse des soldats au Führer : « *Non, jamais !* ». L'annexion de l'Alsace était décidée.

En 1940, le drapeau à croix gammée flotte devant le coq gaulois. Ce coq triomphant, poussant sur son globe un cri de victoire, est une œuvre du sculpteur alsacien Schultz. Il remplaça, le 13 septembre 1919, sur le fronton du pont de Kehl, l'aigle impérial allemand. L'occupant se chargea bien vite de le supprimer.

Cette surprenante cartes postale est un document d'une extrême rareté. Il s'agit d'une carte antisémite, éditée à Strasbourg en 1936. L'antisémitisme du voisin allemand se propage dangereusement en Alsace !

Deuxième carte, datée de mars 1936, destinée à être envoyée par les Alsaciens mécontents au Bureau des réclamations de la préfecture de Strasbourg.

**LEVKOYE SCHMULINSKY**
Négociant de la Grand'rue.

E hergeloffener Händler üs 'm polnische Korridor.
A merchant of highstreet : Levkoye Schmulinsky,

Ce document des années 1938 fait partie d'une série de cartes postales éditées par un célèbre restaurant strasbourgeois, qui fut l'un des premiers établissements du genre à refuser son entrée aux Juifs ! Son directeur de l'époque était également responsable d'un journal antisémite, diffusé sur Strasbourg.

Il y a bien peu de monde sur *le Karl Roos Platz* (l'actuelle place Kléber) en ce jour de 1940. Elle est traversée comme de nos jours par le tramway, ici le n°9, et sur les façades des immeubles les drapeaux nazis triomphent.

Cette rare carte postale fut lâchée sur Strasbourg par les avions alliés pendant la guerre afin de soutenir le moral de la population et de rallier les Alsaciens à la Résistance.

Ce jeudi 23 novembre 1944, les chars de la 2$^e$ division blindée du général Leclerc pénètrent dans la ville, provoquant la panique et la fuite des Allemands. La surprise est totale !

Dans les premières heures de l'après-midi du 23 novembre 1944, Strasbourg appartient de nouveau aux Français. Notre héros, libérateur de Strasbourg, le général Leclerc de Hauteclocque, passe en revue ses troupes pour la première prise d'armes sur la place Kléber.

Le général de Gaulle, l'homme du 18 juin 1940, lors de son séjour en Alsace les 10 et 11 février 1945. Il se rend à Mulhouse, Colmar et Strasbourg afin d'apporter à cette province libérée le salut de la patrie française.